AI, 너 내 마케터가 돼라!

AI, 너 내 마케터가 돼라!

오종현 지음

챗GPT, 클로드, 퍼플렉시티, 코파일럿을
활용한 마케팅 콘텐츠 만들기

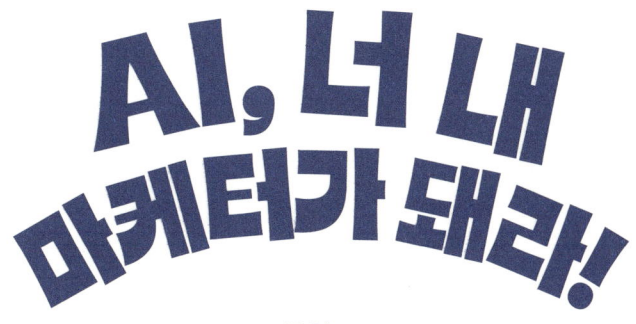

e 비즈북스

— 차례 —

서론 6

1부
인공지능 서비스에 대해서

1장 인공지능이란? 11
2장 인공지능으로 콘텐츠 만들기 14
3장 인공지능 서비스 20
4장 의미 있는 다른 인공지능들 53

2부
프롬프트 구성 방법

1장 프롬프트란 무엇인가? 59
2장 프롬프트 기본 공식 66
3장 실전 연습 82
4장 확장 기능과 프롬프트 89
5장 10가지 프롬프트 작성 팁 127
6장 체인 프롬프트 136

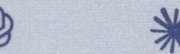

3부
상황에 맞는 최적화 AI

1장 알맞는 인공지능 서비스 고르기   157

2장 카드뉴스 만들기   160

3장 블로그 글쓰기   176

4장 프레임워크를 활용한 글쓰기   195

5장 유튜브 영상 제목과 섬네일 문구 만들기   203

6장 쇼핑몰 상세페이지 만들기   208

7장 PPT 만들기   214

8장 기획안 작성하기   220

9장 프롬프트 템플릿 만들기   225

맺음말 237

서론

몇 년 전만 하더라도 AI가 단순 반복 작업이나 고된 육체노동에 먼저 도입되어 해당 종사자의 생계를 위협할 것이라고 생각했다. 반면 창의적 사고나 창작처럼 인간만이 할 수 있는 부분은 AI가 손댈 수 없어, 그런 분야에서는 안전하게 일자리가 보존될 것이라고 예상했다. 최소한 필자는 그렇게 믿고 있었다. 그러나 이런 믿음은 챗GPT의 등장으로 완전히 산산조각 나버렸다.

챗GPT는 2022년 11월 30일에 출시됐다. 이때 챗GPT에 적용된 버전은 GPT-3.5이다. 이후 챗GPT의 개발사 OpenAI는 지속적으로 모델을 업그레이드하며 GPT-3.5 Turbo, GPT-4, GPT-4 Turbo, GPT-4 Omni(GPT-4o)를 선보였다. 새 버전이 나올 때마다 산업 전반에 큰 영향을 주었지만, 그중에서도 '생성'이 주 업무인 콘텐츠 마케팅 산업에는 태풍과 지진이 동시에 일어나는 것 같은 충격을 주었다.

이런 충격 속에서 콘텐츠 마케터들은 급격히 둘로 나뉘었다. 첫 번째는 보수파이다. "당장은 AI가 사람이 만드는 수준으로 콘텐츠를 만들 수 없어! AI가 그 정도 수준의 콘텐츠를 만들려면 많은 시간이 필요할 거야!"라며 기존의 방법을 고수하는 콘텐츠 마케터들이다. 두 번째는 진보파이다. "사람의 창의력으로만 콘텐츠를 만들던 시절은 빠르게 저물고 있어! 어떤 방식으로든 생성형 AI와 함께 콘텐츠를 만들어야 하고 지금이 바로 그때야!"라며 새로운 기술을 적극적으로 받아들이는 콘텐츠 마케터를 말한다. 필자는 진보파 콘텐츠 마케터로 생성형 AI와의 적극적인 공존을 택했고, 다양한 생성형 AI를 직접 사용하고 부딪쳐보기로 마음을 먹었다.

다양한 콘텐츠를 만들어보니 챗GPT가 콘텐츠를 만드는 모든 과정의 마스터키가 될 수는 없음을 깨달았다. 콘텐츠의 형태에 따라 챗GPT가 매우 뛰어난 성과를 내는 부분이 있는 반면 그렇지 않은 부분도 있었다. 어떤 영역에서는 다소 아쉬운 품질의 콘텐츠를 생산해 콘텐츠로서 가치가 없는 경우도 종종 있었다. 필자는 챗GPT의 아쉬운 점을 보완할 수 있는 방법을 찾기 시작했고, 챗GPT 외에 다양한 생성형 AI 서비스를 알게 되었다. 대표적으로 앤트로픽에서 만든 클로드, 구글에서 만든 제미나이, MS에서 만든 코파일럿, 퍼플렉시티에서 만든 퍼플렉시티, 네이버에서 만든 클로바 X, 메타에서 만든 메타 AI 등이 있었다. 사람마다 재능 있는 분야가 다르듯이 AI 서비스들도 분야에 따라 매우 뛰어난 능력을 발휘하는가 하면 치명적인 단점을 드러내기도 했다. 각 서비스의 특징을 잘 파악하고 적재적소에 사용하는 것이 매우 중요해졌다.

결국 이렇게 다양한 생성형 AI 서비스를 활용해 콘텐츠를 만들면서 필자가 알게 된 것은, 모든 상황에 완벽한 콘텐츠를 만들 수 있는 단 하나의 생성형 AI 서비스는 존재하지 않는다는 것이다. 수많은 생성형 AI 서비스의 장단점을 완벽하게 이해하고 상황에 맞는 서비스를 선택하여 사용할 때 비로소 좋은 품질의 콘텐츠를 만들 수 있다. 이런 진리를 깨달은 후 AI의 습격으로 피폐해졌던 필자의 마음에 안도감이 들었다. 생성형 AI와 공존할 수 있는 길을 찾았을뿐더러, 효율적으로 양질의 콘텐츠를 만들어낼 수 있게 되었기 때문이다. 이는 앞으로도 콘텐츠 마케터로서 가치를 인정받으며 꾸준히 콘텐츠를 제작할 수 있다는 뜻이었다.

이 책은 생성형 AI의 습격을 받은 모든 사람들에게 생성형 AI와 공존할 수 있는 길을 제시한다. 1부에서는 현재 콘텐츠를 제작하는 데 사용되는 다양한 생성형 AI 서비스의 장점과 단점을 명확하게 정리했다. 2부에서는 이러한 서비스들을 사용하기 위해 필요한 명령어인 프롬프트를 구성하는 공식에 대해 이야기했다. 마지막 3부에서는 콘텐츠에 맞는 생성형 AI 최적화의 과정을 다뤘다. 어떤 생성형 AI를 선택하고 어떻게 프롬프트를 구성해야 할지, 다양한 형식의 콘텐츠를 직접 만들어보면서 익힐 수 있도록 했다. 이 책이 생성형 AI와 공존하는 첫 발걸음이 되길 바란다.

마지막으로 책 쓰는 아빠를 보면서 각자 노트에 자신들의 작품을 쓰며 출판을 꿈꾸는 우리 사랑하는 세 명의 아이들, 미스터리한 사건을 해결하는 '괴물탐정단'의 오가은, 도시를 지키는 'V맨'의 오민혁, 악당을 없애는 '오은혁의 모험'의 오은혁, 사랑한다! 이번 책의 처음부터 마지막까지 함께 응원해주고 지칠 때 맞난 것으로 격려해준 아내에게도 사랑을 듬뿍 담아 감사의 마음을 전한다.

1부

인공지능 서비스에 대해서

1장
인공지능이란?

본격적으로 생성형 AI 서비스에 대해 말하기 전에 우리가 사용하려는 인공지능 Artificial Intelligence의 정체를 파악할 필요가 있다. 이 책은 필자와 같은 콘텐츠 마케터에게 초점을 맞추었기 때문에, 쉽게 이해할 수 있도록 복잡하고 전문적인 설명보다는 단순하고 직관적인 예시를 사용해 말해보겠다. 1장은 개념에 대한 이야기이므로 만약 실무에 필요한 인공지능 서비스를 바로 익히고 싶은 분들은 2장부터 읽기를 추천한다.

인공지능을 처음 접해본 사람들이 놀라는 이유 중 하나는, 어떤 질문을 던지더라도 모르는 기색 없이 그럴듯하게 답하는 능력 때문이다. 그 비법은 LLM이라고 부르는 대형 언어 모델 Large Language Model에 있다. 인공지능을 구현하는 방법은 다양하지만, 현재 우리가 쉽게 접할 수 있는 챗GPT, 코파일럿, 클로드 등의 서비스는 모두 LLM 모델을 기반으로 만들어졌다.

LLM은 방대한 양의 텍스트 데이터를 학습하여 인간의 언어를 이해하고 생성할 수 있는 모델이다. 조금 더 자세히 말하자면, LLM은 3가지 단계를 거쳐서 학습하고 똑똑해지면서 우리를 만족시킬 수 있는 답변을 하게 된다.

우선 첫 번째 단계에서는 방대한 양의 텍스트 데이터를 통해 언어에 대한 기본적인 이해력을 기른다. 두 번째 단계에서는 특정 지시를 따르도록 학습되어 사용자의 요청에 적절히 응답할 수 있는 능력을 키운다. 마지막 세 번째 단계에서는 사람의 피드백을 통해 사람들이 만족할 만한 답변을 할 수 있도록 세부조정을 거친다. 이 과정에서 사회의 법이나 규율을 어기거나, 미풍양속을 해칠 만한 답변들을 걸러낸다.

현재 대부분의 LLM 모델은 트랜스포머 Transformer 신경망 구조를 사용한다. 이를 통해 각 단어가 문장 내 다른 단어들과 어떤 관계를 가지는지 파악하고, 특정 단어가 다른 단어들에게 집중해야 하는 정도를 단어별로 계산하면서 문맥을 파악한다. 이러한 트랜스포머 신경망 구조 덕분에 사람이 직접 답하듯이 유창한 답변이 나올 수 있는 것이다.

아이러니하게도 트랜스포머 신경망 구조를 개발한 것은 구글 연구진이지만, 실제 서비스에 적용해 먼저 발표한 것은 OpenAI이다. OpenAI에서는 GPT Generative Pre-trained Transformer 라는 인공지능 모델에 트랜스포머 신경망 구조를 적용한 뒤 이를 활용해 챗GPT라는 서비스를 출시했고, 현재 가장 앞서 있는 인공지능 회사가 되었다. 반면 구글은 제미나이라는 서비스를 출시했으나 LLM 성능 면에서 챗GPT를 능가하지 못했고, 대중적인 인지도에서도 밀려 인공지능 영역에서는 2등 회사 이미지를 가지게 되었다.

생성형 AI 모델은 이러한 LLM 모델을 포함해 무언가를 생성할 수 있는 AI를 칭하는 말이다. 모델에 따라 이미지, 음악, 동영상, 코드 등 다양한 유형을 생성할 수 있다. 이때 여러 데이터 유형을 처리할 수 있는 기능을 멀티모달 multimodal 기능이라고 한다.

'모달'은 데이터의 형태나 종류를 말하는데, 텍스트, 이미지, 음성, 비디오 등이 각각 하나의 모달이다. 멀티모달은 이렇게 서로 다른 여러 종류의 데이터를 통합하여 처리하는 방식을 말한다. 여러 모달을 결합하면서 더 풍부한 정보와 더 정교한 분석을 제공할 수 있다.

대표적으로 챗GPT의 초기 모델인 GPT-3.5는 LLM 모델의 특징만을 가졌으나, GPT-4 이후부터 멀티모달 기능이 추가되었다. 챗GPT-4는 DALL-E 모델을 활용해 이미지를 생성할 수 있고, 다양한 확장 기능을 통해서 그래프나 다이어그램 등 시각화된 출력물도 제공한다. 또한 유저가 텍스트뿐만 아니라 이미지, 동영상, 음성 등 다양한 형태의 데이터를 챗GPT에 입력하고 출력받을 수 있다.

예전에는 텍스트를 출력하기 위해 A 서비스를 쓰고, 이미지를 생성하기 위해 B 서비스를 쓰고, 데이터를 분석하기 위해 C 서비스를 사용했다면 지금은 챗GPT 같은 하나의 서비스에서 모든 작업을 할 수 있다. 앞으로 각각의 서비스에 더 많은 기능들이 추가될 것이고, 고도화될 것이다.

2장
인공지능으로 콘텐츠 만들기

장점

누구도 부인할 수 없는 인공지능 시대에 접어들며 인공지능은 우리의 창작 방식을 완전히 변화시키고 있다. 인공지능 서비스는 다양하고 풍부한 결과물을 효과적으로 만들어낼 수 있다는 점에서 주목받는다. 또한 이러한 서비스는 창작자의 한계를 뛰어넘으면서 콘텐츠 제작에 소요되는 시간과 비용을 절감시켜줄 수 있다. 인공지능 서비스의 장점을 자세하게 살펴보겠다.

한계를 뛰어넘음

첫 번째는 창작자의 한계를 넘어설 수 있다는 점이다. 콘텐츠 마케팅 영역에서 15년 넘게 일하면서, 필자에게는 필자만의 톤앤매너와 뉘앙스가 생겼다. 수많은 콘텐츠를 만들면서 자연스럽게 몸에 익은 연륜이자 습관이라고 할 수 있다. 이런 습관과 연륜은 도움이 되지만, 때로는 무슨 콘텐츠를 만들어도 창작자 특유의 뉘앙스가 느껴지기 때문에 항상 새로운 트렌드를 받아들이고 콘텐츠를 창작해야 하는 입장에서는 큰 걸림돌이 되기도 한다. 이런 아쉬운 부분을 인공지능이 완벽하게 해결해준다.

인공지능 서비스를 통해 콘텐츠를 기획하고 거기에 적절한 스타일을 입력해주면 창작자의 한계를 넘어서는 새로운 콘텐츠를 만들 수 있다. 인공지능은 한꺼번에 다양한 스타일의 콘텐츠를 출력하기 때문에 그중에서 원하는 스타일과 톤앤매너를 선택할 수 있다. 또한 이렇게 만들어진 콘텐츠를 자유자재로 변형할 수 있다. 동영상 내용을 텍스트로 출력해 블로그 글을 작성할 수 있고, 블로그 글로부터 카드뉴스를 만들 수 있다. 이 카드뉴스를 다시 동영상에 사용할 스크립트로 뽑아낼 수도 있다. 창작자가 입력하는 프롬프트에 따라서 콘텐츠의 형식은 무한히 변형된다. 창작자의 멋진 아이디어와 적절한 프롬프트가 만나면, 창작자의 한계를 훌쩍 뛰어넘는 멋진 콘텐츠를 만들 수 있을 것이다.

시간과 비용의 절감

두 번째는 시간과 비용을 절감할 수 있다는 점이다. 이는 특히 필자와 같은 1인기업 혹은 소기업에게 매우 큰 도움이 된다. 예를 들어 '유기농 이유식'과 관련된 광고 문구를 기획한다고 가정해보자. 그러면 '유기농 이유식'의 효과적인 마케팅 포인트를 잡아내고 이를 녹여 다양한 후보 문구를 만든 뒤, 그중에서 마음에 드는 문구를 선택해야 한다. 이러한 과정에는 많은 사람의 아이디어가 필요하고, 각각의 사람들이 문구를 구성하고 표현하는 데도 시간이 걸린다. 인력과 자금, 시간이 넉넉하지 않은 1인기업이나 소기업은 이 부분에 약점이 있다. 그러나 인공지능을 이용하면 사람과 시간을 많이 투자하지 않고도 이런 한계를 극복할 수 있다. '유기농 이유식'의 마케팅 포인트와 원하는 톤앤매너를 챗GPT에 입력하면 이러한 요청을 반영해 수십, 수백 개의 문구를 빠르게 뽑아낼 수 있다. 이제는 최적화된 결과물을 만들어내는 프롬프트를 입력한 뒤 그 결과물을 다듬는 능력을 키우는 것이 중요해진 것이다.

반복 작업 자동화

세 번째는 반복 작업을 자동화할 수 있다는 점이다. 인공지능으로 콘텐츠를 만들다보면 좋은 콘텐츠를 만들기 위해 프롬프트를 하나씩 넣어보는 시행착오를 거쳐 최적화된 프롬프트를 제작하게 된다. 이 최적화된 프롬프트는 뼈대 역할을 하는 '기본 프롬프트'로, 다양한 콘텐츠를 만들 때 이를 변형해서 사용한다. 콘텐츠를 만들 때마다 프롬프트를 새롭게 작성하지 않아도 되는 것이다. 기본 프롬프트에 주제와 몇 가지 요청 사항을 넣으면 자동으로 수준 높은 콘텐츠들이 생성된다. 매주 올리는 SNS 콘텐츠, 수치만 바꾸어 가공하는 데이터, 인사이트를 뽑아 작성하는 보고서 등 고정된 템플릿의 콘텐츠를 정기적으로 만들어야 할 때, 이러한 방식으로 쉽고 빠르게 생성할 수 있다.

주의해야 할 사항

지금까지의 장점을 보면 인공지능이 마치 어떤 문제든 해결해주는 만능 열쇠처럼 보이겠지만, 단점도 있다. 특히 몇몇 단점은 심각한 오류로 이어질 수도 있기 때문에 사용자는 이 점을 주의해야 한다.

할루시네이션

우선 가장 큰 단점은 할루시네이션 hallucination 이다. 할루시네이션의 사전적 의미는 환각이지만, 인공지능과 자연어 처리 NLP 분야에서는 현실과 일치하지 않는 잘못된 정보나 사실을 만들어내는 현상을 말한다. LLM 모델의 원리는 사용자의 질문에 정답을 찾는 것이 아니라 가장 가능성 높은 답변을 하는 것이다. 그러다 보니 그럴듯하고 가능성은 높아 보이지만, 사실이 아닌 거짓을 출력하는 경우가 종종 발생한다. 대표적으로 '세종대왕 맥북 던짐 사건'이 있다. 한 커뮤니티의 사용자가 챗GPT의 GPT-3.5 버전에 "세종대왕 맥북 던짐 사건에 대해서 말해줘"라고 입력했다. 그러자 챗GPT가 거침없이 답변을 내놓았다. 이는 조선왕조실록에 기록된 이야기이며, 한글 창제 시 책상에서 잠을 자던 신하를 보고 화가 난 세종대왕이 맥북을 집어 던진 사건이라고 구체적으로 설명하는 것이다.

이 사례는 아직 인공지능에 기술적 한계가 있다는 것을 보여주는 재미있는 일화 정도로 생각할 수 있다. 그러나 거짓임을 알아차리기 어려운 할루시네이션 현상들이 다양한 영역에 발생하면서, 사용자를 곤란하게 만든 사례가 이외에도 잦다는 점은 웃어 넘기기가 힘들다. 네이처에 따르면 한 연구에서 챗GPT가 인용한 178개의 참고문헌 중 69개는 디지털 콘텐츠에 부여되는 고유 식별 번호인 DOI Digital Object Identifier가 없었고, 그중 28개는 실제로 존재하지 않는 것으로 밝혀졌다. 또 다른 연구에서는 챗GPT가 생성한 의학 논문의 참고문헌 115개 중 47%는 조작된 것이었고, 46%는 실제 문헌이지만 부정확했으며, 단 7%만이 진실하고 정확했다고 한다.

다행히도 GPT-4o 버전이 적용된 현재의 챗GPT에서는 할루시네이션이 확연히 줄었다. 앞으로 더 나은 버전의 인공지능이 등장하면 이와 같은 현상의 발생 빈도는 더욱 감소할 것이다. 그러나 완벽해진 것이 아니므로 언제 어디서나 거짓말을 할 수 있기 때문에, 인공지능 서비스를 사용하는 모든 사용자는 답변의 진위를 반드시 확인해야 한다.

사용량 제한

두 번째 단점은 사용 한도가 제한되어 있다는 문제이다. 예를 들어 챗GPT는 매월 20달러를 내고 플러스 버전을 구독 중이라도 최신 인공지능 모델을 마음대로 사용할 수가 없다. GPT-3.5는 제한 없이 사용할 수 있지만 성능이 떨어지고, 그보다 성능이 뛰어난 GPT-4는 3시간에 40번까지로 질문 개수가 제한된다. 두 버전보다 나중에 출시된 GPT-4o도 3시간에 80번까지만 질문할 수 있다. 그 이상 질문하면 작업이 강제로 중단될 우려가 있다. 시스템의 상황에 따라서 달라지긴 하지만, 사용자가 일정 시간 동안 사용할 수 있는 양에 한도가 있는 것이다.

이와 같은 사용량 한도는 다른 인공지능 서비스인 클로드, 제미나이에도 있다. 현재로서는 만족할 만한 답변을 내놓기 위해 GPU, NPU 등 많은 자원과 비용이 필요하기 때문에 인공지능이 수준 높은 답변을 무제한으로 제공하는 것은 무리가 있다. 인공지능 서비스들이 최적화 과정을 거치고 있기에 이런 한계는 시간이 지나면서 해결될 테지만, 당분간은 유저가 이 한도 내에서 효과적으로 서비스를 이용하는 방법을 찾아야 한다. 콘텐츠를 만들 때는 하나에 집중하는 것이 효율 면에서 좋기 때문에, 한 작업을 끝낸 뒤 다음 작업까지 3시간 이상 여유를 두는 것을 추천한다.

인공지능을 서비스하는 시스템 자체도 꽤 불안정한 편이다. 일주일에 한두 번 정도는 시스템에 에러가 발생해 작업을 못 하게 되는 경우가 있다. 앞으로 더욱 안정화되겠지만, 지금 당장은 인공지능 서비스를 사용하면서 불가피한 부분 중 하나이다.

저작권 및 윤리

세 번째는 저작권 및 윤리 문제를 주의해야 한다는 점이다. 인공지능이 내놓는 모든 대답에는 새로운 것이 없다. 기계 학습 인공지능의 특성상, 모든 답변은 이미 누군가의 콘텐츠를 허락 없이 참고해서 만든 것이다. 실제로 챗GPT의 경우 《월스트리트 저널》의 뉴스 기사를 무단으로 학습해서 문제가 되고 있다. 저널 측은 "《월스트리트 저널》소속 기자들이 작성한 기사를 활용해 AI를 학습시키려면 적절한 허가를 받아야 한다"며 "OpenAI는 우리 회사와 해당 계약을 맺지 않았다"고 지적했고, OpenAI는 해당 논란에 대해 따로 논평하지 않았다. 오픈 소스 기반 이미지 생성 인공지능 모델인 스테이블 디퓨전을 만들어낸 스태빌리티 AI Stability AI 역시 세계적인 이미지 스톡 서비스인 게티 이미지의 사진을 라이선스 없이 사용한다는 사실이 드러났고, 현재 미국 델라웨어주 법원과 영국 고등법원에서 소송 중이다.

실무에서는 어떨까? 현재 이런 저작권 관련 이슈는 크게 문제가 되지 않는다. 인공지능이 만들어낸 대부분의 콘텐츠는 그대로 사용되는 것이 아니라 창작자에 의해서 적절하게 가공된 후 쓰이기 때문이다. 또 인공지능이 출력한 콘텐츠가 어떤 저작물을 참고했는지 유저가 알기란 사실상 불가능하다. 그래서 저작권 이슈가 사회적으로 논의됨에도, 실무에서는 거의 무시하고 사용하는 것이 일반적이다.

한편 인공지능 생성물의 저작권 인정 여부에 대해서도 사회적 논의가 활발히 이뤄지고 있다. 국내에서는 생성형 AI로 제작한 영화 〈AI 수로부인〉이 편집 저작물로 저작권을 인정받은 사례를 제외하고는, AI가 생성한 그림이나 소설 등의 저작권을 인정하지 않고 있다. 이는 다른 국가에서도 대부분 마찬가지다. 다만 인공지능으로 만든 콘텐츠라도 창작자에 의해 적절하게 가공되기 때문에, 창작자가 특별히 인공지능의 도움을 받아 만들었다고 밝히지 않는 이상 이를 알아내기가 쉽지 않다.

이처럼 아직은 인공지능의 저작권 관련 이슈에 관해 명확하게 내려진 결론이 없다. 그래서 저작권 문제가 당장의 실무에 영향을 주진 않지만, 법과 규정에 의해 인공지능 서비스의 활용 방법이 크게 변할 수 있기에 우리는 관심을 갖고 지켜봐야 한다.

3장
인공지능 서비스

업계의 독보적인 선두 주자, 챗GPT

챗GPT는 OpenAI에서 개발한 인공지능 서비스로, 생성형 AI 인공지능이 구현할 수 있는 모든 기능을 다 갖추고 있다고 해도 무방할 정도로 기능이 다양하다. 2022년 11월 출시 이래 1년도 채 되지 않는 간격으로 계속해서 새 버전이 발표되었고, 새로운 버전일수록 성능 역시 비약적으로 증가했다. GPT-4에서는 멀티모달 모델을 도입해 텍스트뿐만 아니라 이미지, 동영상 등 다양한 형태의 데이터를 다룰 수 있게 되었다. DALL-E를 사용해 이미지를 생성하고, Whisper를 사용해 소리를 텍스트로 바꾸며, Sora를 사용해 텍스트로 동영상까지 생성할 수 있게 하는 등 영역을 확대하고 있다. 나아가 GPT-4o에서는 영화 〈그녀 her〉처럼 인공지능이 사람과 자연스럽게 대화할 수 있도록 음성 인식 및 출력 기능을 업그레이드했다.

 OpenAI는 앱스토어처럼 GPT스토어를 만들어서 누구나 쉽게 맞춤형 GPT 설정을 만들거나 다운로드해 사용하도록 하였다. 여기에 더하여 많은 전문가들은 OpenAI의 서비스가 화면을 벗어나 현실 세계에서 로봇까지 컨트롤할 수 있게 될 것이며, 구글이 패권을 쥔 검색 영역에도

챗GPT 첫 화면

진출할 것이라는 점에 동의한다.

  이렇게 짧은 기간 동안 엄청나게 빠른 속도로 성능을 업그레이드하고 새로운 기능들을 추가하면서, 챗GPT는 콘텐츠 창작자가 기본으로 사용해야 하는 인공지능 서비스가 되었다.

챗GPT의 요금제

GPT-4o를 기준으로, 챗GPT의 유료 요금제인 챗GPT플러스의 가격은 월 20달러이다. 실제로 결제하면 세금까지 부가되어 일반 사용자는 22달러가 결제되고, 사업자는 사업자번호를 입력하면 세금이 면제되어 20달러만 결제된다. 참고로 한국 앱스토어에서 구입하면 2만 9000원이 결제된다. 챗GPT가 처음으로 상용화된 AI 서비스를 출시한 뒤 월 20달러의 사용료는 업계 표준이 되었다. MS의 코파일럿 프로, 앤트로픽의 클로드 프로, 구글의 제미나이 프로 모두 월 20달러를 청구한다. 현재 챗GPT의 요금제 종류는 총 5개(Free, Plus, Pro, Team, Enterprise)인데 그중 가장 많이 쓰는 요금제 3개를 소개하겠다..

요금제명	Free	Plus	Team
요금	무료	월 20$	인당 월 25$
기능	• 글쓰기, 문제 해결 등에 대한 도움 • GPT-3.5에 접근 • GPT-4o에 제한적 접근 • 고급 데이터 분석, 파일 업로드, 비전, 웹 검색, 맞춤형 GPT에 대한 제한적 접근	• 모든 기능 사용 가능 • OpenAI o1-프리뷰, OpenAI o1-mini에 접근 • GPT-4o, GPT 4o mini, GPT-4에 접근 • 데이터 분석, 파일 업로드, 비전, 웹 탐색, 이미지 생성에 접근 • 고급 음성에 접근 • 맞춤형 GPT 생성 및 사용 • 새 기능에 대한 빠른 접근	• Plus 모든 기능 포함 • GPT-4o mini 및 GPT-4, GPT-4o의 더 높은 메시지 제한과 DALL-E, 웹 브라우징, 데이터 분석 등과 같은 도구에 무제한 접근 • 워크스페이스에서 GPT 생성하고 공유 가능 • 워크스페이스 관리를 위한 관리자 콘솔 • Team의 데이터는 기본 설정상 훈련에서 제외

챗GPT 요금제 (GPT-4o 모델 기준)

기업에서 사용할 수 있는 팀 요금제도 있는데, 사용료는 1인당 월 25달러이다. 워크스페이스를 생성해서 멤버들끼리 공유할 수 있으며 관리자 콘솔을 제공한다. 그리고 플러스에 비해서 더 많은 사용량을 제공해준다. 참고로 무료 요금제와 플러스 요금제에서의 대화 내용은 기본적으로 챗GPT를 학습하는 데 사용되지만, 팀 요금제의 것은 챗GPT가 학습하지 않는다. 그래서 외부에 유출되면 안 되는 회사의 중요한 문서를 챗GPT에서 다룰 예정이라면 팀 요금제를 사용하는 것이 더 적절하다. 물론 무료 요금제와 플러스 요금제에도 챗GPT가 학습하지 않도록 하는 옵션이 있지만, 이 옵션을 사용하면 대화 자체가 저장되지 않기 때문에 효과적으로 챗GPT를 사용하는 데 큰 불편함이 있다.

챗GPT의 학습 기간

일반적으로 챗GPT를 새로운 버전으로 업데이트할 때마다 최신 데이터를 학습시키고 발표한다. 상용화된 최초 버전인 GPT-3.5의 경우 2021년 9월까지의 정보를 학습했고, GPT-4o 버전은 2023년 10월까지의 정보를 학습했다. 다른 인공지능 서비스들에 비해서도 비교적 최신 데이터를 학습한 셈이다. 앤트로픽의 클로드 3나 네이버의 클로바X는 2023년 8월까지의 데이터를 학습했다.

그렇다면 챗GPT로 최신 데이터에 접근하려면 어떻게 해야 할까? 예를 들어 "지난주 대한민국의 주요 경제뉴스 3가지를 알려줘"와 같은 질문에 적절한 답변을 받으려면 챗GPT의 웹 검색 기능, 즉 브라우징 기능을 활용할 수 있다. 다음 그림을 보자.

앞서 말했듯 GPT-4o 모델은 2023년 10월 이후의 정보는 학습하지 않아 2024년 10월 22일 기준으로 지난 주라고 말해도, 2024년 10월 셋째 주의 정보를 내놓지 못한다. 그러나 마이크로소프트의 빙 Bing 검색 엔진을 사용할 수 있게 되면서 학습 시점인 2023년 10월 이후의 정보도 출력할 수 있게 됐다. 앞의 그림을 보면 챗GPT가 학습하지 않은 데이터를 요청받자 검색엔진을 사용해서 답변을 내놓고 있다. 또한 답변 최상단과 3번 답변이 끝나는 부분을 보면 출처도 함께 표시하고 있다.

다만 기본적으로 구글 검색에 비해서 빙 검색은 성능이 떨어져 다양한 정보를 모두 고려하지 못한다. 또한 빙은 한글로 질문을 입력하면 한글로 된 정보를 우선적으로 찾는 경향이 있는데, 웹상에는 한글로 된 정보가 영어로 된 정보보다 적기 때문에 답변 정확도가 낮은 편이다.

챗GPT를 통한 효율적인 웹 검색 방법

이렇게 아쉬운 검색 결과를 보완하려면 프롬프트를 영어로 바꿔서 질문하면 된다. 영어로 바로 질문하기 어렵다면 DeepL이라는 인공지능 번역 서비스를 사용하는 것을 추천한다. 다음의 화면을 살펴보자.

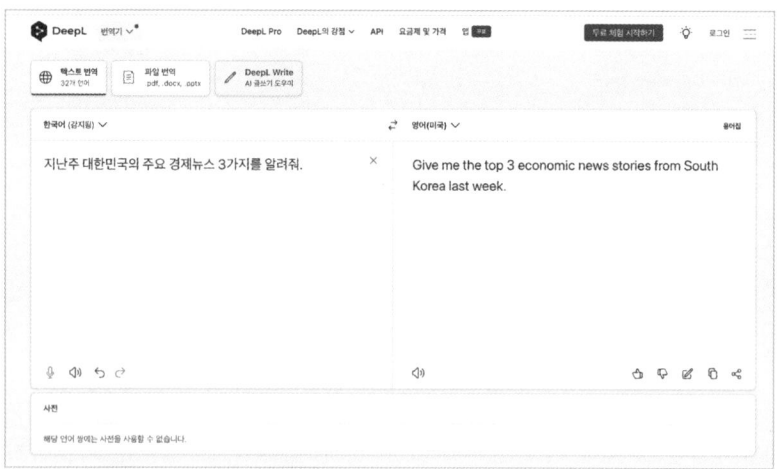

앞 그림은 DeepL에 한국어를 영어로 바꿔달라고 요청했을 때 나타나는 화면이다. DeepL은 전문 번역가의 글을 중심으로 학습했기 때문에 번역 품질이 구글이나 네이버 번역보다 뛰어나다. 위 화면의 오른쪽에 도출된 영어 번역문을 복사해서 챗GPT에 입력해보자.

> Give me the top 3 economic news stories from South Korea last week.

사이트 3개 검색함

Here are the top three economic news stories from South Korea last week:

1. **Economic Growth Outlook**: South Korean President Yoon Suk Yeol announced that the country's economic growth is expected to exceed its potential rate in 2024. This optimistic forecast follows a pickup in economic activities during the second half of 2023. President Yoon also emphasized the importance of closer ties with the United States to enhance crisis management capabilities and ensure a stable economic environment (CNA).

2. **$7 Billion Investment in AI**: South Korea has committed to investing nearly $7 billion in artificial intelligence by 2027. This investment aims to position South Korea as a global leader in AI and semiconductor technology. President Yoon highlighted the critical role of semiconductors in the global economy and outlined plans to support innovative AI semiconductor companies, with significant contributions from industry giants like Samsung and SK Hynix (TechXlore).

3. **Short-Selling Ban**: South Korea has reinstated a ban on all short-selling activities in its stock market until June 2024. This move is intended to create a level playing field for both retail and institutional investors and stabilize the financial market amid ongoing economic uncertainties. The ban reflects the government's efforts to mitigate potential market disruptions and protect investor interests (CNA).

These stories highlight South Korea's proactive measures to bolster its economic growth, technological leadership, and market stability.

이렇게 영어로 번역한 질문을 챗GPT에 넣으면 영어로 된 출처를 먼저 찾는데, 현실적으로 질이 좋고 풍성한 정보는 영어로 된 경우가 많기 때문에 한국어로 물어봤을 때보다 훨씬 더 의도에 부합하는 답변이 나온다. 따라서 챗GPT로 웹 검색이 필요할 때는 영문 출처를 우선순위에 둘 수 있도록 영어로 질문하는 것을 추천한다. 영어로 된 답변을 받으면 다음 이미지처럼 한글로 다시 출력해달라고 요청하면 된다.

> These stories highlight South Korea's proactive measures to bolster its economic growth, technological leadership, and market stability.
>
> 한글로 다시 출력해줘.
>
> 다음은 지난 주 대한민국에서 주목할 만한 경제 뉴스 3가지입니다:
>
> 1. **경제 성장 전망**: 윤석열 대통령은 대한민국의 경제 성장률이 2024년에 잠재 성장률을 초과할 것으로 전망했습니다. 이는 2023년 하반기부터 경제 활동이 활발해진 결과입니다. 또한, 윤 대통령은 위기 관리 능력을 강화하기 위해 미국과의 긴밀한 협력의 중요성을 강조했습니다 (CNA).
>
> 2. **AI에 7조 원 투자**: 대한민국은 2027년까지 인공지능(AI)에 약 7조 원을 투자할 계획입니다. 이 투자는 대한민국을 AI 및 반도체 기술의 글로벌 리더로 자리매김시키기 위한 것입니다. 윤 대통령은 반도체가 글로벌 경제에서 중요한 역할을 한다고 강조하며, 혁신적인 AI 반도체 기업의 성장을 지원하기 위해 1조 4천억 원의 별도 기금을 조성할 것이라고 발표했습니다 (TechXplore).
>
> 3. **공매도 전면 금지**: 대한민국은 주식 시장에서 모든 공매도 활동을 2024년 6월까지 전면 금지했습니다. 이 조치는 소매 및 기관 투자자 모두에게 공정한 환경을 조성하고, 경제 불확실성 속에서 금융 시장을 안정화하기 위한 것입니다. 정부는 시장 혼란을 완화하고 투자자 보호를 위해 이러한 결정을 내렸습니다 (CNA).

챗GPT는 긴 문장을 번역시키면 종종 의역하는 경우가 있어 원본에서 왜곡이 발생할 수 있다. 따라서 영어로 질문을 해야 하거나 영어로 된 답변을 받았을 때 문장이 길다면 DeepL로 정확하게 번역해서 사용하는 게 좋다. 문장이 짧거나 왜곡이 발생해도 무방하다면 번역까지 챗GPT에서 진행해도 되겠다.

멀티모달 모델을 탑재한 챗GPT

챗GPT가 GPT-3.5에서 GPT-4로 업그레이드되면서 본격적으로 멀티모달의 특성을 지니기 시작했다. 그래서 docx, pdf, pptx, xlsx, csv, jpg, png 등 우리가 주로 사용하는 대부분의 파일 형식을 업로드하거나 출력할 수 있다. 아래 그림처럼 docx에서 작성한 파일을 요약하고 가공해서 pptx 파일로 출력할 수도 있다.

이외에도 콘텐츠 작성 과정에서 다양한 전략들을 구사할 수 있게 되었다. pdf 파일을 분석하고 요약한 다음 이를 docx 파일로 출력해달라는 요청도 챗GPT는 수행해낸다. 파일 분석 및 요약을 한 번에 하나씩만 할 수 있는 것은 아니다. 한 번에 여러 개의 파일을 종합적으로 분석하고 내용을 요약해 결과물을 출력할 수도 있다. 있다. 28쪽의 그림을 보자.

5개의 txt 파일("네이버 블로그 제목" 소스, "블로그 글 누락" 관련 블로그 글 소스, 블로그 지수 올리기 - 블로그 소스, "블로그 방문자 늘리기" 블로그 소스, "블로그 지수 확인" - 소스)을 입력 창에 넣고 블로그 운영의 중요한 팁을 글머리 기호로 요약해달라고 요청하자, 그림과 같이 답변을 출력했다. 사람이 분석하고 요약하려면 시간이 걸리고 정확성에 의심이 갈 때가 있어, 이러한 작업에서는 챗GPT를 사용할 만하다.

> "네이버 블로그 제목" 소스.txt
> 문서
>
> "블로그 글 누락" 관련 블로그 글 소스.txt
> 문서
>
> 블로그 지수 올리기 - 블로그 소스.txt
> 문서
>
> "블로그 방문자 늘리기" 블로그 소스.txt
> 문서
>
> "블로그 지수 확인" - 소스.txt
> 문서
>
> 이 파일들을 참고해서 블로그 운영의 중요한 팁을 글머리 기호로 요약해줘.
> 이때 출력은 한글로 해줘.

파일을 기반으로 블로그 운영에 대한 중요한 팁을 글머리 기호 형식으로 정리했습니다.

1. **제목 선택**: 제목에는 타겟키워드를 포함하되, 사용자가 클릭하고 싶어지는 매력적인 문장을 사용해야 합니다. 특히, 제목의 앞부분에 중요 키워드를 배치하여 검색 노출을 증진시킬 수 있습니다 [?].

2. **콘텐츠 독창성 유지**: 블로그 검색 누락을 피하기 위해 독창적인 콘텐츠를 작성하고, 유사한 문서나 과도한 키워드 사용을 피하며, 고품질의 원본 이미지를 사용하는 것이 중요합니다 [?].

3. **정기적인 포스팅**: 블로그의 활성도를 유지하기 위해 정기적으로 새로운 콘텐츠를 게시하는 것이 중요합니다. 이는 검색 엔진에게 블로그가 활발히 운영되고 있음을 알리는 신호가 됩니다 [?].

4. **키워드 최적화**: 블로그 글에는 관련 키워드를 자연스럽게 통합하여 검색 엔진 최적화(SEO)를 강화해야 합니다. 특히, 검색 가능성이 높은 키워드를 선정하여 제목과 본문에 적절히 배치합니다 [?].

5. **읽기 쉬운 포맷**: 사용자의 가독성을 높이기 위해 정확하고 간결한 문장을 사용하며, 적절한 문단 분배와 하이라

챗GPT는 많은 종류의 파일을 다룰 수 있기 때문에, 단순히 텍스트를 통한 질답만이 가능했던 과거에 비해 다양한 방식으로 콘텐츠를 만들 수 있다. 이미지를 입력해서 이미지를 분석하고 이와 관련된 콘텐츠를 제작하는 것 역시 가능하다. 다음 쪽의 그림을 보자. 파리의 에펠탑 사진을 올리고 "신나는 여행"을 주제로 밝은 느낌의 시를 요청했더니, 챗GPT가 이미지를 분석한 뒤 시를 작성했다.

만약 참고용으로 첨부할 만한 이미지가 없다면 챗GPT에게 이미지를 생성해달라고 하는 것도 방법이다. 준비된 이미지가 없거나, 있어도 원하

"신나는 여행"이라는 주제로 밝은 시를 한글로 작성해줘.

🌀 신나는 여행

파리의 아침, 에펠탑이 반기네
하늘은 푸르고, 구름은 흰색 레이스처럼
저마다의 기쁨을 품은 사람들로 북적이는 이곳

마음 가득 희망을 싣고 걷는 거리
각자의 언어로 웃음꽃 피우며
세계의 중심에서 춤을 춘다

여행의 행복이란, 이런 것
자유롭게 날아다니는 새처럼
가슴 속 깊은 곳까지 기쁨이 스며드는 것

에펠탑 아래, 새로운 추억을 쌓으며
내일을 꿈꾸는 행복한 순간들
파리에서, 신나는 여행을 계속해 나가네

는 느낌이 아니라면 이 방법이 오히려 나을 수 있다. 이미지 생성 모델인 DALL-E를 탑재하면서부터 챗GPT를 사용해 이미지를 쉽게 생성할 수 있게 됐다. DALL-E가 다른 이미지 생성 모델보다 탁월한 점은, 우리가 일반적으로 사용하는 대화체 텍스트만으로 이미지를 생성하고 수정할 수 있다는 것이다. 30쪽의 그림에서 볼 수 있듯이 "에펠탑의 모습을 멋지게 찍은 사진과 같은 이미지를 생성해줘"라는 텍스트를 프롬프트에 입력

Here is an image of the Eiffel Tower captured during the golden hour, showcasing the structure in a beautiful sunset setting. You can view the image above.

했더니 챗GPT가 프롬프트를 이해하고 DALL-E를 활용해 관련된 이미지를 생성했다. (참고로 그림 아래 영어는 일종의 버그다.) 프롬프트를 구체적으로 입력할수록 사용자가 원하는 이미지에 더욱 가깝게 생성된다.

GPT-4o 및 타 모델 간 성능 비교

이제 GPT-4o와 타 인공지능 모델 간의 성능 차이를 살펴보자. 콘텐츠를 만들 때 중요한 것은 인공지능 서비스의 추론 능력과 생성 속도, 그리고 한국어에 대한 이해도이다. 다음 쪽에 나오는 그래프는 챗GPT의 최신 버전과 구 버전, 그리고 클로드 3를 비롯한 다른 인공지능 모델의 성능을 비교한 것이다.

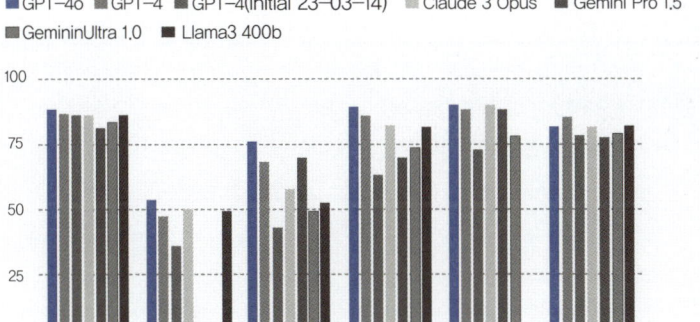

GPT-4o가 대부분의 분야에서 가장 높은 수치를 보이고 있다 (출처: OpenAI)

위의 그래프에서 확인할 수 있듯이 챗GPT의 GPT-4o가 다른 인공지능 모델에 비해 전체적으로 성능이 좋지만, 타 인공지능 모델의 성능 역시 크게 뒤떨어지지 않는다. 그래서 간단한 프롬프트라면 각 인공지능 모델 간 답변 수준에 큰 차이가 없다. 다만 복잡한 프롬프트를 입력하거나 여러 번의 질문과 답변을 통해 콘텐츠를 가공할 때는 GPT-4o 모델을 쓰는 챗GPT를 사용하는 것이 좋다. 무엇보다 GPT-4o는 사용자의 의도를 잘 파악하여 답변해준다. OpenAI가 발표한 바에 따르면 GPT-4o에서는 GPT-4에 비해 영어가 아닌 타 언어에 대한 이해도를 높였고, 그래서 타 인공지능 서비스에 비해 특히 한국어로 된 프롬프트의 이해도가 매우 높은 편이다. 웹 검색을 보다 전문적으로 하려는 경우가 아닌 이상 대부분의 프롬프트 작업들은 한국어로 진행할 수 있으며, 한국어로 입력하는 세밀한 수정 요청까지 인공지능 서비스가 잘 이해하고 반영해준다. 다만 챗GPT가 출력한 한국어는 자연스럽지 않을 때가 있는데, 챗GPT에게 동화 작성을 요구한 상황을 살펴보자.

감자와 당근의 사랑이야기를 담은 귀여운 말투의 동화를 작성해줘.

 옛날 옛날에, 푸른 들판의 작은 농장에 감자 친구 피터와 당근 친구 캐롤이 살고 있었어요. 피터는 둥글둥글하고 귀여운 갈색 옷을 입고 있었고, 캐롤은 길쭉하고 주황색 옷을 입고 있었죠. 두 친구는 하루 종일 햇살을 받으며 즐겁게 자라났답니다.

피터는 항상 자신이 땅속에 묻혀 있는 것만으로 충분하다고 생각했어요. "나는 땅속에서 뿌리 내리고 있는 게 좋아! 밖으로 나가는 건 무섭잖아!" 하고 말했어요. 반면, 캐롤은 늘 햇빛을 사랑하고, 친구들과 어울리는 걸 좋아했어요. "피터, 세상은 정말 아름다운 곳이야! 언젠가 네가 나와 함께 밖으로 나가보면 좋겠어!" 하고 말하곤 했죠.

(후략)

위 답변을 보면 영어를 그대로 직역한 느낌이 있다. 물론 이 부분에 대해서 느끼는 바에는 개인적인 차이가 있겠지만, 필자가 보기엔 앤트로픽의 클로드 3과 비교해 아쉬운 부분이 있다. GPT 모델이 업그레이드될 때마다 한국어에 대한 이해도가 점점 나아진다 해도 여전히 사람이 작성한 것 같은 감성이 부족해 소설, 시, 수필 등을 쓰거나 번역하는 데는 적절하지 않다. 보고서, 과제, 논문 등을 작성할 때는 챗GPT를 사용해도 되지만, 감성이 필요한 콘텐츠를 위해서는 GPT 모델이 개선될 때까지 기다리자. 만약 현재의 챗GPT로 그런 문학 작품 콘텐츠를 만들어야 한다면 출력 후 사람이 쓴 느낌이 나도록 전체적인 톤앤매너의 수정이 필요하다.

챗GPT로 작업을 하며 느끼는 점 중 하나는, 성능이 발전하는 만큼이나 속도도 함께 빨라지고 있다는 것이다. 시스템을 지속적으로 최적화하면서 최신 모델인 GPT-4o는 GPT-4보다 두 배 빠른 속도를 제공하고 있다. 비슷한 성능을 내는 클로드나 제미나이와 비교해봐도 챗GPT가 빠르다는 것을 직관적으로 알 수 있다. 속도가 빠르면 그만큼 한정된 시간에 많은 작업을 수행할 수 있고, 더 많은 결과물을 생성할 수 있다. 콘텐츠를 생산하는 입장에서 이는 매우 큰 장점이다.

다음으로 타 인공지능 서비스에서는 아직 제공하지 않지만 챗GPT에서 제공하는 기능 2가지를 소개하려고 한다. 첫 번째 기능은 고급 데이터 분석 Advanced Data Analysis 기능이다. 코드 인터프리터 Code Interpreter 라고도 불리는 이 기능은 파이썬이라는 프로그램 언어를 활용해 수학적 계산과 시각화 그리고 데이터 분석까지 텍스트로 된 프롬프트로 수행할 수 있게 해준다. 아래 화면에서 볼 수 있듯이 챗GPT에 수학식을 넣자 계산과 함께 그래프까지 그려준다.

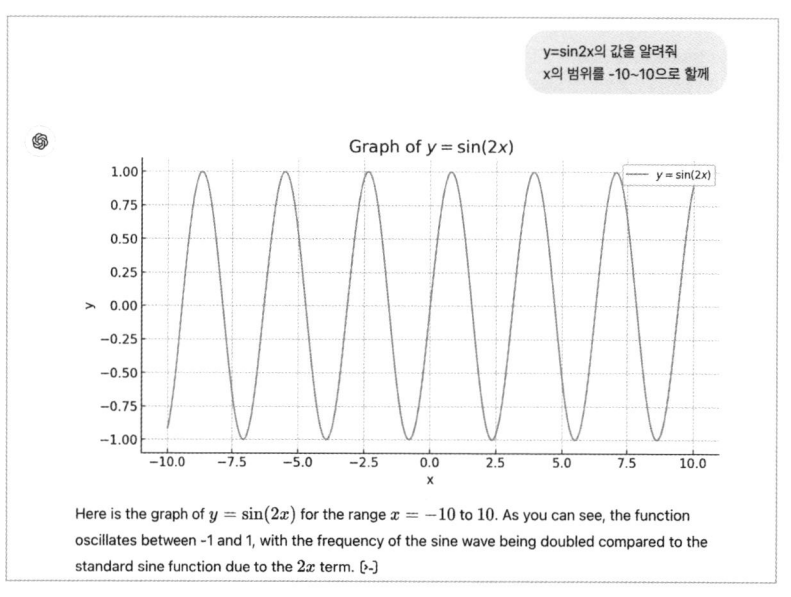

챗GPT가 자체적으로 계산하는 게 아니라 파이썬 언어를 사용하기에 결과값이 매우 정확하다. 이번에는 필자가 직접 챗GPT의 고급 데이터 분석 기능을 사용한 화면을 살펴보자.

	profile.referrer	city	web.os	
1	https://l.facebook.com/	경기도 용인시 처인구	Mac OS >=10.15.7	
2	https://search.naver.com/search.naver?query=오씨아줌마&ie=utf8&sm=whl_nht	서울시 중랑구	Mac OS X ??	
3	https://talk.naver.com/	경기도 구리시	Mac OS 10.13.5	
4	https://www.google	대구시 수성구	Windows NT ??	

> 나는 홈페이지 방문자 분석 전문가야.
> 내가 홈페이지 분석을 잘할수 있도록 도와주는 것이 너의 목표야.
> 최근 3개월 내 홈페이지에 상담을 남긴 매우 질이 높은 사용자의 정보야.
> 나는 6가지 작업을 진행할꺼야.
> 이 6가지 작업을 순착적으로 진행줘. 과정은 한글로 출력해줘.
> 1. city행의 문구 중 가장 큰 행정구역을 제외하고 모두 제거해줘.
> 2. profile.referrer 행에서 https:// 혹은 http://는 삭제해줘.
> 그리고 도메인 뒤에 나오는 /를 포함 뒤의 내용은 모두 삭제해줘.
> 3. profile.referrer 열을 aaa.bbb.ccc로 되어 있다면 bbb.ccc로 바꿔줘.

Filtered User Data

	profile.referrer	city	web.os
1	facebook.com	etc.	Mac OS >=10.15.7
2	naver.com	etc.	Mac OS X ??
3	naver.com	etc.	Mac OS 10.13.5
4	google.com	etc.	Windows NT ??
5	naver.com	etc.	Windows 10.0
6	naver.com	etc.	Android 7.1.1

데이터 변환 작업이 완료되었습니다. 일부 데이터는 아래와 같습니다:

1. **city**: 가장 큰 행정구역을 제외하고 나머지를 삭제했습니다.
2. **profile.referrer**: `https://` 혹은 `http://`를 삭제하고 도메인 뒤의 내용을 제거했습니다. `aaa.bbb.ccc` 형식의 도메인은 `bbb.ccc`로 변경했습니다.
3. **profile.referrer**: 특정 도메인을 제외하고 모두 `etc.`로 변경했습니다.
4. **city**: 국내 주소 외에는 모두 `etc.`로 변경했습니다.

앞의 그림에서 필자는 데이터가 있는 xlsx 파일을 업로드하고 필자가 원하는 방식으로 데이터를 가공하도록 프롬프트를 넣었다. 눈여겨볼 만한 점은 특별한 수식이나 함수가 아니라 한국어로 된 문장을 입력하는 것만으로도 원하는 결과가 나온다는 것이다. 과거 엑셀에서 처리해야 했던 복잡한 수식이나 데이터를 막대그래프로 시각화하는 등의 작업도 아래 그림처럼 단순한 한국어 명령만으로 쉽게 만들어낼 수 있다. 이때 우리는 텍스트로 된 프롬프트를 넣지만, 챗GPT는 프롬프트를 이해한 뒤 프로그래밍 언어인 파이썬으로 코딩하여 실행결과를 보여주는 것이다.

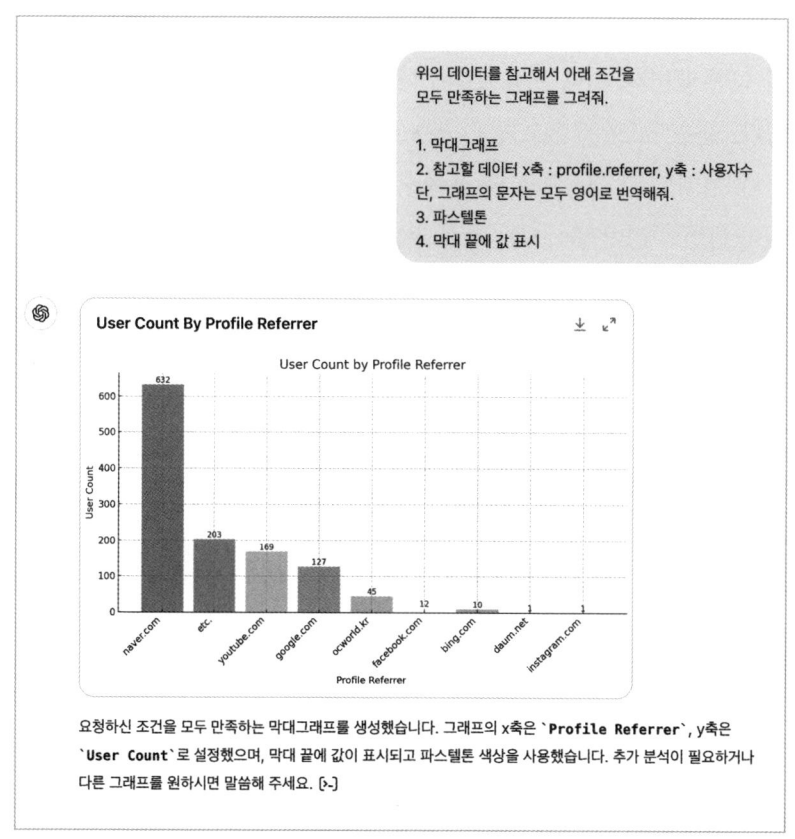

두 번째 기능은 GPT스토어이다. 챗GPT는 원하는 기능에 특화된 GPT를 만들기 위한 프로그램 또는 사이트인 프롬프트 빌더를 제공한다. 이를 통해서 누구나 쉽게 맞춤형 GPT 설정을 만들 수 있다. 또한 이렇게 만든 맞춤형 GPT 설정을 GPT스토어에 노출시켜 다른 사용자들도 함께 이용할 수 있다. 마치 아이폰의 앱스토어가 스마트폰 시장에 새로운 생태계를 만들었듯이 이제는 GPT스토어가 인공지능 시장에 새로운 생태계를 만들고 있다. 특히 맞춤형 GPT 설정을 제작하는 과정이 앱 개발에 비해서 간단한 편이다. 빌더에 적절한 프롬프트를 입력하면 바로 맞춤형 GPT 설정이 만들어진다. 예를 들어 영어 단어를 찾아주는 맞춤형 GPT를 설정하고 싶다면, 관련 프롬프트를 구성한 후 빌더에 넣어주기만 하면 끝이다. 이때 프롬프트는 한국어로 넣어도 결과물에 큰 차이가 없다. 일반적으로 영어로 만든 프롬프트가 더 좋은 답변을 한다고 생각한다. 현재 GPT-4o에서 웹 검색을 활용할 땐 프롬프트를 영어로 구성해야 답변의 질이 좋아지는 것은 맞다. 그러나 그 외의 경우에는 영어와 한국어에 대한 답변 차이가 크지 않다.

또한 앱스토어는 프로그램을 전문적으로 배운 개발자들이 개발자 등록을 거치고 까다로운 심사를 통과해야 앱을 출시할 수 있었지만, GPT스토어는 챗GPT 플러스 사용자가 공개 옵션만 선택하면 바로 스토어에 노출시킬 수 있다. 앱스토어가 전문 개발자들만의 전유물이었다면 GPT스토어는 프롬프트를 구성할 줄 아는 누구에게나 열린 공공재인 것이다. 현재 정확한 숫자는 알 수 없지만, 인공지능을 사용하는 한 SEO 플랫폼에 따르면 2023년 11월 기준으로 약 300만 개의 맞춤형 GPT 설정이 만들어졌다고 한다.

GPT스토어는 인공지능 서비스 사용자에게도 획기적인 변화를 가져왔다. 좋은 결과물을 출력하기 위해 좋은 프롬프트를 고민해야 했던 과

거와 달리, 지금은 누군가가 만들어놓은 맞춤형 GPT 설정을 잘 고르기만 하면 되므로 많은 시간을 아낄 수 있다. 챗GPT 플러스를 결제해야 하는 것 외에는 별도의 비용도 없기 때문에 누구나 쉽게 접근할 수 있다는 장점도 있다. 필자가 사용하는 맞춤형 GPT 설정을 살펴보자.

컬러링북을 만드는 맞춤형 GPT 'Coloring Book Hero'

'Coloring Book Hero'는 색칠공부를 할 수 있는 컬러링 이미지를 만드는 맞춤형 GPT 설정이다. 이 맞춤형 GPT 설정의 제작자는 컬러링 이미지를 만들 수 있는 프롬프트를 미리 세팅해두었다. 이 GPT 설정을 설치한 사용자는 위 그림처럼 "하늘을 날아다니는 돼지를 그려줘"라고

만 입력해도 미리 세팅해 둔 프롬프트에 따라 높은 수준의 컬러링 이미지를 얻을 수 있다.

특히 필자가 가장 많이 사용하는 맞춤형 GPT 설정으로는 웹페이지의 정보를 바탕으로 콘텐츠를 만들 때 사용하는 'WebPilot'과, 유튜브 동영상의 정보를 바탕으로 콘텐츠를 만들 때 사용하는 'Voxscript'가 있다. 사용 방법은 간단하다. 웹페이지 주소나 유튜브 동영상 주소와 함께 적절한 프롬프트를 넣으면 자동으로 웹페이지와 유튜브 동영상에 접근해 프롬프트에 맞게 정보를 수정하고 답변을 출력해준다. 외부 자료를 활용해 콘텐츠를 만들 때 특히 유용하다. 이에 대해서는 106쪽에서 자세히 다루었다.

그렇다면 왜 다른 인공지능 서비스들은 GPT스토어와 비슷한 서비스를 출시하지 않았을까? 여러 가지 이유가 있지만, 그중 하나는 인공지능을 가공할 수 있는 빌더를 아무 제약 없이 일반인에게 개방하는 것이 과연 옳은 일인가에 대한 윤리적 논란이 있기 때문이다. 비교적 보수적인 구글과 앤트로픽은 GPT스토어 같은 서비스를 아직 공개할 계획이 없다고 밝혔다. 반면 인공지능 시장을 최대한 빠르게 선점하고 공격적으로 기술을 공개하는 OpenAI에서는 GPT스토어의 지원을 더욱 강화할 것으로 보인다. 특히 누구나 OpenAI가 제공하는 최신 기능들을 사용해볼 수 있게끔 무료 버전 사용자도 GPT스토어에 접근할 수 있도록 해두었다. GPT스토어로 일반 사용자가 손쉽게 인공지능을 만들 수 있고, 마찬가지로 일반 사용자가 손쉽게 이를 이용할 수 있기 때문에 인공지능의 활용도가 더 높아질 것으로 예상된다.

챗GPT는 사실상 인공지능 시장을 개척해 현재 시장의 표준이라고 할 수 있다. 가장 앞선 인공지능 모델을 보유하고 있으며, 월 20달러라는 요금으로 가장 많은 기능을 제공하고 있다. 나아가 거침없이 새로운 기능들을 공개하고 다양한 시도를 하는 중이다. 콘텐츠를 만드는 창작자로서 비용과 성능 등 여러 요소를 고려해서 유료 인공지능 서비스 중에서 하나만 선택해야 한다면, 고민 없이 OpenAI의 챗GPT를 추천한다.

마음 좋은 공짜, MS의 코파일럿

유료 서비스 중에 가장 만족도가 높은 서비스로 챗GPT를 꼽는다면, 무료 서비스에서는 MS의 코파일럿 Copilot을 꼽을 수 있다. 코파일럿은 부조종사라는 뜻으로, MS는 인공지능을 사용하는 인간이 조종사이며 인간을 보조하는 인공지능이 부조종사라고 정의했다. 이는 인공지능이 사람을 대체할 것이라는 일각의 두려움을 잠재우는 동시에 다양한 MS의 서비스에 적극적으로 결합하는 코파일럿의 핵심 특성을 명확하게 묘사한다.

코파일럿의 핵심 인공지능 모델은 앞에서 알아본 챗GPT에 사용된 모델 중 하나인 GPT-4 Turbo 모델이다. MS와 OpenAI의 협업은 2019년에 긴밀한 파트너십을 맺으면서 시작되었다. MS는 인공지능 혁신을 가속화하기 위해 OpenAI에 수십억 달러를 투자했다. 그 후 MS는 자사 클라우드 서비스인 애저 Azure를 통해 소비자 및 엔터프라이즈 제품 전반에 OpenAI의 모델을 배포하고, OpenAI의 기술을 기반으로 인공지능이 이식된 서비스들을 출시했다. 챗GPT와 닮은 코파일럿 서비스를 시작으로 오피스365의 워드, 아웃룩, 파워포인트, 엑셀, 팀즈 등 핵심 생산성 앱에도 코파일럿을 적용했다. 이를 통해 문서 작성, 이메일 요약, 프리젠테이션 작성 등 기존의 작업들을 인공지능을 통해 쉽게 할 수 있게 되었다. 특히 윈도우11과 엣지 브라우저에 코파일럿 기능을 추가하면서 현재 MS의 서비스 대부분에 OpenAI의 GPT-4 Turbo 버

코파일럿 첫 화면

전이 적용되어 있다고 해도 무방하다. 결정적으로 2024년 5월 20일, MS는 '코파일럿+PC'라는 PC 브랜드를 출시했다. 온디바이스 AI가 적용된 윈도우11을 탑재한 코파일럿+PC는 클라우드에서만 인공지능 작업이 진행되었던 기존과는 달리, 오프라인에서도 인공지능 서비스를 사용할 수 있게 한다. MS는 이를 통해 인공지능 분야에서 구글과 애플보다 앞서 가는 기업이 되었다.

코파일럿 서비스 역시 무료 요금제와 유료 요금제가 있다. 유료 요금제의 사용료는 월 2만 9000원으로, 챗GPT와 비슷한 수준이다. 유료 요금제의 경우 무료 요금제의 모든 기능을 사용할 수 있을 뿐만 아니라

MS의 오피스365에서 코파일럿을 활용해 콘텐츠를 만들 수 있다. 그러나 챗GPT와 같이 채팅 방식 위주로 사용할 예정이라면 무료 요금제만으로도 충분하다. 코파일럿의 유료 요금제와 무료 요금제 모두 동일하게 OpenAI의 GPT-4 Turbo 모델을 사용하기 때문이다. 다만 제한이 없는 유료 요금제와 달리 무료 요금제는 하나의 채팅창에서 30회의 질답만 가능하며, 사용자가 몰리는 피크 시간대에는 유료 사용자부터 안정적으로 사용할 수 있도록 사용량을 먼저 할당해준다는 단점이 있다.

   코파일럿은 앞서 말했듯 GPT-4 Turbo 모델을 사용하기에 기본적으로 챗GPT와 성능이 비슷하다. 그러나 MS에서 전략적으로 몇 가지 기능을 수정해 복잡한 프롬프트에는 한계를 보이는 등, 챗GPT와 비교해 70~80%의 기량을 가진다. 그럼에도 코파일럿은 웹브라우징, 웹사이트 분석, 이미지 생성 등 다양한 기능과 높은 품질의 답변을 제공하며 무료 인공지능 서비스 중 가장 좋은 성능을 지녔다는 점에서 인공지능 서비스 입문용으로 적절하다.

인간미 넘치고 말 잘하는, 앤트로픽의 클로드 AI

앤트로픽 Anthropic은 OpenAI 멤버 중 일부가 OpenAI를 나와 설립한 인공지능 회사이다. 이전까지 LLM 모델의 작동 원리는 인간이 해석할 수 없는 것으로 여겨졌으나, 앤트로픽은 LLM 모델의 내부 작동 방식을 파악하고 이를 인간이 해석할 수 있는 형태로 나타내는 데 성공했다. 이러한 발견은 할루시네이션 등 인공지능의 예측 불가능성을 줄이고 안전성을 높이는 데 큰 도움이 되었다. 그리고 이 앤트로픽이 만든 인공지능 모델이 바로 클로드 Claude이며, 이 모델을 사용한 서비스를 클로드 AI 또는 간략히 클로드라고 부른다.

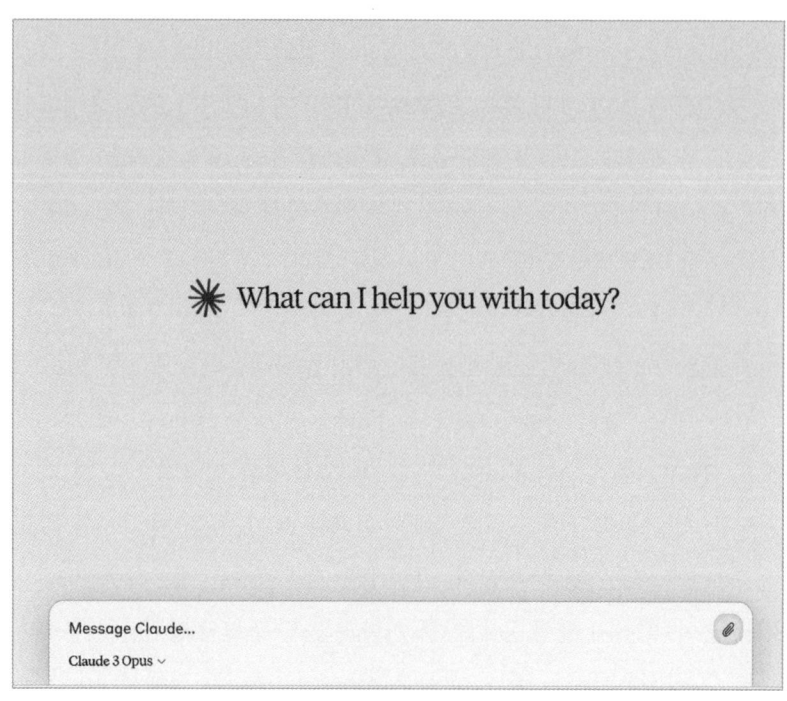

클로드 첫 화면

클로드 1과 2는 대중에게 주목을 받지 못했지만, 2024년 3월 4일 발표된 클로드 3 중에서도 가장 고성능 모델인 클로드 3 오푸스 Claude 3 Opus는 다양한 벤치마크를 통해 GPT-4 이상의 성능을 낸다는 것이 입증된 뒤 대중적인 관심을 받고 있다. 클로드 3 오푸스는 복잡한 프롬프트를 입력해도 GPT-4를 능가하는 답변을 제공할 수 있다. 또한 대화체를 유창하게 구상할 수 있고 높은 이해력을 가지고 있어서 사람이 직접 쓰는 듯한 답변을 출력한다. 한국어 이해도가 뛰어나 한국인들이 관심을 가질 만한 요소가 많으며, 다양한 스타일과 톤앤매너를 적용해 콘텐츠를 만들 때 매우 유용하다. 클로드 3 오푸스 모델을 활용해 다양한 톤앤매너를 적용한 경우를 보자.

LLM에 대해 초등학생이 이해할 수 있게 설명해줘.

 안녕! LLM에 대해 알려줄게.

LLM은 "큰 언어 모델"이라는 뜻이야. 컴퓨터가 우리 인간처럼 말하고 글을 쓸 수 있게 가르치는 거야.

상상해봐, 엄청 큰 컴퓨터가 수많은 책을 읽고, 사람들이 말하는 것을 듣고, 영화도 보고 하면서 우리 인간이 어떻게 언어를 사용하는지 배우는 거야. 책 읽기, 듣기, 보기를 반복하다 보면, 컴퓨터도 사람처럼 말하고 글을 쓸 수 있게 되는 거지.

(후략)

 두 사람이 카카오톡으로 대화를 나누는 상황을 통해서 LLM에 대해 이해할 수 있게 쉽게 설명해줘.

 A: 야, LLM에 대해서 들어봤어?
B: LLM? 그게 뭔데?
A: Large Language Model의 약자야. 인공지능으로 만든 언어 모델이라고 보면 돼.
B: 아 그렇구나. 근데 그게 뭐하는 건데?
A: 쉽게 말하면, 엄청나게 많은 텍스트 데이터로 학습시킨 AI 모델이야. 그래서 사람처럼 자연스러운 대화를 할 수 있고, 질문에 대답도 하고, 글도 쓸 수 있어.
B: 오 그렇게 하는구나. 그럼 ChatGPT도 LLM인거야?

> A: 맞아. ChatGPT가 대표적인 LLM이지. 요즘 뉴스에서 많이 다루고 있잖아.
> B: 그렇네. 근데 어떻게 사람처럼 말할 수 있는 거야?
> A: 방대한 양의 텍스트를 분석해서 언어의 패턴을 학습하는 거야. 문맥을 이해하고, 단어 간의 관계를 파악해서 자연스러운 문장을 만들어 내는 거지.
>
> (후략)

이처럼 LLM을 설명하라는 프롬프트와 함께 '초등학생'이나 '카카오톡' 등 대상 및 톤앤매너를 설정해주자, 초등학생이 이해하기 쉬운 어휘나 카카오톡에서 대화하는 말투 등을 사용해 자연스럽게 답변을 출력한다. 사용자의 요청에 따라 다양한 톤앤매너를 적용하고 콘텐츠를 생산하는 능력은 챗GPT보다 클로드가 뛰어나다. 심지어 한국어로 요청할 때에도 네이버 클로바 X보다 클로드가 더 자연스러운 답변을 내놓는다.

그러나 OpenAI에 비해서 보수적이고, 안정성을 중심으로 기능을 업데이트하는 앤트로픽의 특성상 모델의 발전속도가 느리다는 점이 아쉽다. 클로드 3 오푸스는 GPT-4보다 뛰어난 성능을 보이지만, 현재 최신 모델인 GPT-4o에 비해서는 전체적으로 성능이 떨어진다는 평가를 받고 있다. 그리고 클로드 3 오푸스 모델을 사용하려면 챗GPT 유료 요금제와 마찬가지로 월 20달러를 지불해야 하는데, 동일한 비용에 다양한 기능을 제공하는 챗GPT에 비해서 기능이 적다. 학습된 데이터가 2023년 8월까지이고 웹 검색이 불가능하다는 점도 챗GPT와의 경쟁에서 밀리는 요인 중 하나다. 다음의 그림을 살펴보자.

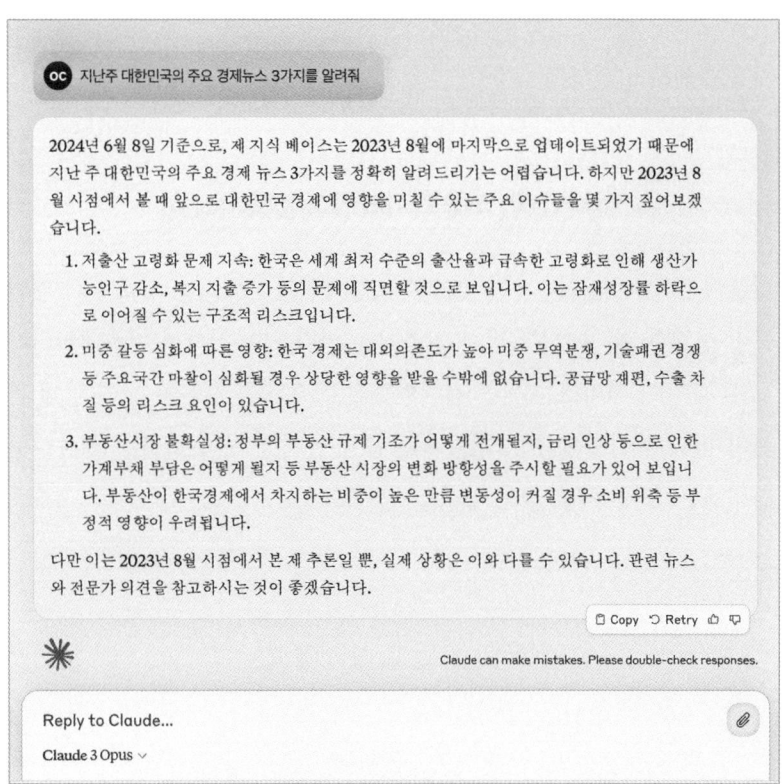

최신 정보를 물어봤을 때 클로드는 답변을 하지 못한다

위 화면처럼 "지난주 대한민국의 주요 경제뉴스 3가지를 알려줘"라고 물었더니 자신이 2023년 8월까지만 학습했기 때문에 정확한 답변을 할 수 없다고 알려준다. 즉 최신 정보를 바탕으로 콘텐츠를 만들 때 클로드는 적절하지 않다. 또한 이미지 파일을 비롯해 다양한 파일을 입력받아 분석하는 것은 가능하지만, 챗GPT나 코파일럿처럼 이미지를 생성하지는 못한다. 고급 데이터 분석 기능이 없어 데이터를 분석할 수 없으며 GPT스토어에서 하듯이 맞춤형 GPT 설정을 만들어 쓸 수도 없다. 또한 음성 입력을 할 수 없다는 점에서도 한계가 있다. 그래서 클로드는 자연스럽고 인간미가 필요한 콘텐츠를 제작할 때 중점적으로 사용하는 것을 추천하고 싶다.

검색의 왕, 퍼플렉시티의 퍼플렉시티 AI

퍼플렉시티 AI Perplexity AI는 앤트로픽과 마찬가지로 OpenAI 출신 멤버들이 설립한 회사에서 개발한 인공지능 서비스다. 간략히 퍼플렉시티라고 불리는 이 서비스는 기존 검색엔진의 UI/UX를 생성형 AI에 맞게 완전히 바꿔서 설계했다. 그래서 새로운 인공지능 시대에 가장 어울리는 검색엔진이라는 평을 받고 있다.

퍼플렉시티 AI 첫 화면

퍼플렉시티는 사용자가 입력한 프롬프트를 수행하기 위해 웹에 올라온 문서, 이미지, 동영상, PDF 등 다양한 데이터를 찾는다. 그런 뒤 타 인공지능 모델로 프롬프트에 알맞게 내용을 가공한다. 이때 유료 버전은 다음 쪽의 그림에서 보이듯이 사용자가 원하는 인공지능 모델을 설정할 수 있다. 다양한 모델이 있지만, 기본적으로 많이 사용하는 모델은 OpenAI의 GPT-4o 모델과 앤트로픽의 클로드 3 오푸스 모델이다.

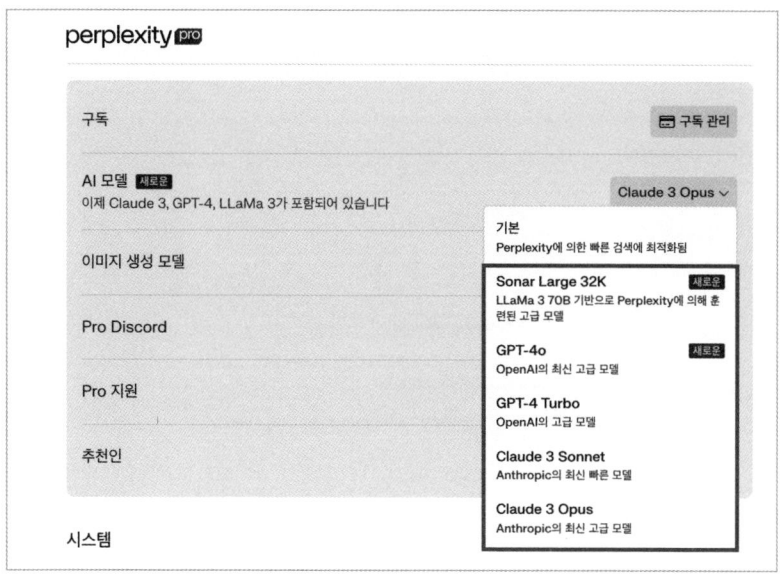

퍼플렉시티의 가장 큰 장점은 웹에 존재하는 방대한 정보를 기반으로 데이터를 처리하기 때문에, LLM 모델의 최대 단점인 할루시네이션 현상을 크게 줄일 수 있다는 점이다. 또한 뛰어난 검색 기능을 갖추고 있어 챗GPT가 검색엔진으로 빙을 사용하면서 가지는 한계를 완벽하게 극복한다. 따라서 퍼플렉시티는 챗GPT의 웹 검색 기능에 아쉬움을 느꼈던 사용자에게 훌륭한 대안이 될 수 있다.

앞서 챗GPT와 코파일럿, 클로드에게 물어본 질문을 퍼플렉시티에 동일하게 던져보겠다. 다음 쪽의 이미지처럼 "지난주 대한민국의 주요 경제뉴스 3가지를 알려줘"라고 입력하면 퍼플렉시티는 사용자가 입력한 프롬프트에서 적절한 여러 개의 키워드를 추출한다. 이러한 키워드를 검색해 웹페이지에 있는 텍스트, 이미지, 링크 등 다양한 형태의 데이터들을 수집한다. 그 후 이 데이터들을 프롬프트에 맞게 가공하고 화면에 출력한다.

퍼플렉시티의 또 다른 장점은 모든 답변 옆에 출처를 표기한다는 점이다. 진위 여부를 확인하는 것이 나날이 중요해지는 시점에서 이는 매우 큰 장점이라고 할 수 있다. 그림 속 화면을 보면 중앙 부분에 검색 결과의 출처가 명시되고 있으며, 각 답변 옆의 숫자를 눌러도 출처를 볼 수 있다.

만약 한글로 된 프롬프트를 입력해서 받은 답변의 품질이 떨어진다고 느껴진다면, DeepL을 통해서 질문을 영어로 번역한 후 영어로 된 프롬프트를 넣는 방법도 추천한다. 한국어로 된 질문을 DeepL로 번역해 질문했을 때의 결과를 보자.

앞 그림처럼 퍼플렉시티에 영어로 프롬프트를 입력하면 영어로 된 데이터 소스를 먼저 찾는다. 이후 인공지능 모델을 통해서 프롬프트에 맞게 데이터를 가공해서 출력한다. 이때 필자는 기본 언어를 한국어로 설정해두었기 때문에 프롬프트에 영어로 입력해도 퍼플렉시티가 알아서 한국어로 출력한 것이다. 기본 언어를 설정하기 위해선 설정 메뉴에서 언어 옵션을 찾아 바꾸면 된다. 이처럼 퍼플렉시티는 특정 언어로 질문을 받으면 해당 언어로 된 데이터를 먼저 찾도록 되어 있지만, 유저가 잘 이해할 수 있도록 설정해둔 언어로 답변을 자동 변환해주어 편리하다.

그리고 퍼플렉시티의 경우 프롬프트의 이해도가 뛰어나다. 이를 활용해서 퍼플렉시티에서 바로 원하는 결과물을 뽑아낼 수 있다. 필자가 카드뉴스를 만들기 위해 퍼플렉시티에게 프롬프트를 넣자, 다음과 같은 답변을 출력했다.

 간헐적 단식에 대해서 5장의 카드뉴스를 만들어 줘.

 [카드 1 – 간헐적 단식이란?]
간헐적 단식은 일정 시간 공복을 유지하며 식사 시간을 제한하는 식이요법입니다[1]. 전통적인 다이어트가 칼로리 제한에 초점을 맞추는 반면, 간헐적 단식은 식사 시간 조절에 중점을 둡니다[1].

[카드 2 – 간헐적 단식의 주요 방법]
가장 대중적인 방식은:
- 16:8 방식 – 16시간 금식, 8시간 식사
- 5:2 방식 – 주 5일 정상식사, 2일 단식
- 23:1 방식 – 하루 한 끼만 섭취[3][4]

가장 보편적이고 시작하기 좋은 방법은 16:8 방식입니다[3].

(중략)

Citations:
[1] https://kormedi.com/1368060/
[2] https://www.k-health.com/news/articleView.html?idxno=35872
[3] https://www.hankyung.com/article/2024072448997
[4] https://doctornow.co.kr/content/magazine/679841196954
4a29a0b387cfe8e1fdc3
[5] https://www.hidoc.co.kr/healthstory/news/C0000630436
[6] https://namu.wiki/w/%EA%B0%84%ED%97%90%EC%A0%81%20%EB%8B%A8%EC%8B%9D

  위의 표처럼 "간헐적 단식" 관련 카드뉴스를 만들어달라는 프롬프트를 넣었더니, 관련 키워드를 추출하여 데이터를 찾고 인공지능 모델로 가공해서 바로 결과값을 출력했다. 답변 아래에는 콘텐츠에 사용된 내용의 출처가 달렸다. 진위 여부를 가리는 데 도움을 준다는 것이 이러한 점이다. 사실에 기반해 다양한 정보를 검색하고 데이터를 가공해야 하는 사람들이라면, 퍼플렉시티를 적극적으로 추천한다.

  필자는 여기서 설명한 인공지능 서비스를 모두 활용해보면서 각각이 고유한 특징을 지닌다는 것을 깨달았다. 내가 주로 만드는 콘텐츠의 특성을 분석한 뒤 그에 적합한 인공지능 서비스를 선택하는 것이 중요하다. 상황에 따라서 두 가지 이상의 서비스를 함께 사용하는 경우도 많다. 다음 쪽의 표는 네 가지 인공지능 서비스의 특징을 정리한 것이다.

주요 인공지능 서비스의 특징

서비스	챗GPT	코파일럿	클로드 AI	퍼플렉시티 AI
개발사	OpenAI	MS	앤트로픽	퍼플렉시티
최신 모델	GPT-4o	GPT-4 Turbo	Claude3 Opus	Sonar Large 32K GPT-4o GPT-4 Turbo Claude 3 Sonnet Claude 3 Opus 중 하나 선택
월 구독료 (유료 버전)	20달러	무료 또는 2만 9000원	20달러	20달러
학습 기간	23년 10월	23년 9월 (추측)	23년 8월	선택 모델에 따라 차이
음성 인식	가능	불가능	불가능	불가능
추론 능력	매우 높은 편	보통	높은 편	선택 모델에 따라 차이가 있지만 전반적으로 높은 편
생성 속도	매우 빠른 편	보통	보통	선택 모델에 따라 차이 있음
한국어 이해도	높은 편	보통	매우 높은 편	선택 모델에 따라 차이 있음
웹 검색	MS의 빙 사용	MS의 빙 사용	불가능	퍼플렉시티 자체 엔진
특정 웹페이지 정보수집	Webpilot과 같은 맞춤형 GPT 설정 사용 시 가능	채팅창에서 바로 가능	불가능	채팅창에서 바로 가능
파일 업로드	다양한 형태의 파일 입력/출력 가능	이미지 파일만 가능	다양한 형태의 파일 입력 가능	다양한 형태의 파일 입력 가능
이미지 분석	가능	가능	가능	가능
이미지 생성	가능 (DALL-E 사용)	가능 (DALL-E 사용)	불가능	가능하지만 품질 낮음
데이터 처리	가능 (파이썬 사용)	불가능	불가능	불가능
맞춤형 서비스 생성	가능	불가능	불가능	불가능

4장
의미 있는 다른 인공지능들

앞서 소개한 4가지(챗GPT, 코파일럿, 클로드, 퍼플렉시티) 외에도 다양한 인공지능 서비스들이 있지만, 해당 서비스들의 장점이 너무 강력하기 때문에 특별한 목적이 있지 않는 이상 다른 서비스들은 실무에서는 잘 사용하지 않는다. 다만 그중에서 의미가 있는 몇 가지를 간단히 다뤄보려고 한다.

만년 2등, 구글의 제미나이

구글은 인공지능 서비스를 가장 먼저, 그리고 가장 잘 다룰 것으로 기대를 모았던 회사다. 그러나 현실은 그렇지 못했다. OpenAI가 챗GPT로 인공지능 서비스 시장의 주도권을 잡는 동안 구글은 그 뒤를 쫓는 데 그치고 있다. 구글은 2023년 초 람다 LamDA 모델을 기반으로 한 바드 Bard 라는 인공지능 서비스를 출시했는데, 새로운 언어 모델 제미나이 Gemini를 개발하면서 바드에 제미나이 모델을 탑재시킨 뒤 2024년 2월 8일 바드의 이름을 제미나이로 변경했다. 2024년 2월 16일에 발표된 제미나이 1.5 어드밴티지의 성능은 GPT-4와 비슷한 수준으로 평가된다. 이미 그

보다 개선된 GPT-4o를 출시한 OpenAI에 한 발 늦은 셈이다.

구글이 OpenAI보다 늦은 사례는 이뿐만이 아니다. 멀티모달을 탑재한 시기나 이미지 생성 기능을 추가한 시기도 OpenAI보다 몇 개월 늦었다. 동영상 생성 인공지능 모델의 측면에서도, OpenAI가 Sora를 먼저 공개했고 그로부터 몇 달 뒤에 구글이 Veo를 공개했다. 이러한 일이 반복되며 구글은 인공지능 서비스에서 2등 회사라는 이미지가 각인되었다고 해도 과언이 아니다. 지금까지 한번도 등장하지 않은 파격적인 신기술을 출시하지 않는 한 이 이미지를 벗기가 쉽지 않아 보인다.

무엇보다 한국인들이 제미나이를 사용하지 않는 이유는, 제미나이의 한국어 프롬프트 이해도가 챗GPT에 비해 크게 떨어지기 때문이다. 제대로 된 답변을 내놓지 못하는 경우가 많으며, 내놓은 답변도 요약되지 않아서 번잡한 경우가 잦다. 단순히 자료를 조사하기 위해서라면 모르겠지만 콘텐츠를 만드는 데 활용하기에는 적절하지 않다.

구글도 MS와 마찬가지로 자사의 플랫폼에 인공지능 서비스를 적극적으로 활용한다. 지메일, 구글 드라이브, 구글 독스 등 다양한 영역에 제미나이를 적극적으로 결합하고 있다. 인지도 높고 성능이 좋은 검색엔진과 유튜브, 안드로이드 OS 등 다양한 플랫폼에 적용하고 있지만 콘텐츠를 만드는 사람에게 제미나이가 선택받으려면 아직 갈 길이 멀어보인다.

한국어 이해도만 높은, 네이버의 클로바 X

네이버에서도 자체 인공지능 서비스인 클로바 X를 출시했다. 일단 인공지능 서비스를 만들었다는 것 자체는 매우 대단한 일이다. 천문학적인 시간과 비용이 들어가는 프로젝트이기에, 인공지능 서비스를 개발한 나라는 미국과 유럽, 중국 등 몇몇 나라를 제외하면 거의 없다. 클로바 X

는 '대한민국의 자체 개발 인공지능 서비스'라는 자랑스러운 타이틀을 가질뿐더러, 한국어로 된 정보를 위주로 학습했기 때문에 한국어 이해도가 가장 높고 한국어로 검색을 대신해줄 수 있는 인공지능 서비스라는 점에는 큰 의의가 있다고 할 수 있다. 하지만 이 점을 제외하면 낮은 프롬프트 이해도, 짧은 답변 길이 등 단점이 적지 않아 콘텐츠 제작에 활용하기에는 불가능하다.

사용하기엔 너무 무거운, 메타의 라마

마지막으로 인공지능 서비스는 아니지만 메타에서 개발한 인공지능 모델인 라마LLAMA, Large Language Model Meta AI가 있다. 메타는 우리가 익히 알고 있는 페이스북과 인스타그램의 모 회사로, 메타버스 산업을 이끌겠다는 목표를 가지고 사명을 페이스북에서 메타로 변경했다. 그러나 포부와는 달리 메타버스 시장의 활성화는 지지부진했다. 다행히 인공지능 모델인 라마는 인공지능 시장에서 매우 주목받으며 산업의 판도를 바꿀 만한 영향력이 있다고 평가된다. 현재 메타가 발표한 라마3은 GPT-4 수준의 성능을 가진다.

라마의 가장 큰 장점은 오픈소스라는 점이다. 기업체뿐만 아니라 개인, 즉 상업적 또는 비상업적 목적을 가진 누구나 무료로 활용할 수 있다. 또한 미세조정을 할 수 있기 때문에 각 개발자가 원하는 모델로 특화할 수 있다. 예를 들면 프로그램 코딩을 전문으로 하는 라마, 채팅에 특화된 라마, 글쓰기에 특화된 라마 등 다양한 형태의 라마를 만들 수 있다. 그동안 자체 인공지능 모델을 만든다는 것은 OpenAI나 구글, 네이버 같은 빅테크 업체만 가능하다고 여겨졌다. 그러나 라마를 활용한다면 누구나 다양한 인공지능 모델을 개발할 수 있다. 대표적으로 한국에서는 업스테이지 같은 회사가 있다. 이 회사는 라마를 활용해 솔라$_{Solar}$라는 모델을 개발해 세계적으로 주목받고 있다.

다만 서비스 측면에서 라마를 사용한 메타 AI에게는 큰 단점이 있다. 설치가 까다롭고, 제대로 작동시키기 위해서는 수천 만원 이상의 PC와 개발 관련 지식이 필요하다. 결정적으로 메타 AI는 한국어를 지원하지 않을뿐더러 아직 한국에 해당 서비스를 제공하지 않는다.

이처럼 위에서 소개한 서비스들은 저마다의 의미가 있지만, 콘텐츠를 제작한다는 관점에서 볼 때 챗GPT, 코파일럿, 클로드, 퍼플렉시티에 비교하면 아쉬운 점이 많아 보인다.

2부

프롬프트 구성 방법

1장
프롬프트란 무엇인가?

프롬프트는 인공지능 서비스에게 작업을 지시하는 일종의 명령어이다. 챗GPT, 코파일럿, 클로드, 퍼플렉시티 모두 채팅을 기반으로 하는 시스템을 도입해 프롬프트를 입력하면 결과를 출력하도록 설계되었다. 따라서 카카오톡 등 채팅 서비스에 익숙한 일반인이 사용하기에 편리하다.

그런데 이러한 서비스들이 사용자가 질문한 최초의 의도를 넘어서 다양한 영역의 세부 정보까지 포함해 답변하는 경우가 있다. 이런 경우 프롬프트를 다루는 데 익숙하지 않은 초보 사용자는 예상과 달리 답변이 길고 장황해 핵심을 바로 알기 어렵다. 그리고 때로는 사용자의 목적에서 다소 벗어난 답변을 내놓기도 한다. 따라서 프롬프트를 통해 정확히 원하는 답만을 얻기 위해서는 인공지능의 특징을 잘 이해하는 것이 중요하다.

적절한 프롬프트란 다음의 두 조건을 충족하는 것이다. 첫째, 사용자가 원하는 형식으로 답변을 출력하도록 유도할 수 있어야 한다. 둘째, 사용자가 예상하는 범위 안에서 최적화된 답변을 얻을 수 있어야 한다. 정리하자면 형식과 내용, 2가지 측면에서 구체적인 명령을 내릴 수 있어야 한다.

예를 들어 챗GPT의 DALL-E를 활용해서 2가지 프롬프트로 사람 이미지를 만들어보겠다. 첫 번째 프롬프트는 다소 추상적으로, 두 번째 프롬프트에는 더 구체적으로 명령을 입력했다. 그리고 각각의 프롬프트에 맞는 그림을 3개씩 생성했다.

사람을 그려줘.

2D 일러스트로, 긴 머리에 갈색 카디건을 입은 20대 여성이 1회용 컵으로 커피를 마시고 있는 모습을 그려줘.

첫 번째 프롬프트의 결과물은 모두 다른 스타일의 그림이었고, 필자가 예상하지 않은 그림들이었다. 반면 두 번째 프롬프트의 결과물은 필자의 의도를 거의 충족하는 이미지들이었다. 이제 프롬프트를 얼마나 구체적으로 입력하느냐에 따라 결과가 달라짐을 알 수 있을 것이다. 물론 그림을 생성할 때만 적용되는 것은 아니다. 텍스트를 요청할 때도 구체적이고 자세히 입력해야 결과물이 잘 나온다. 마케터가 "챗GPT의 장점은 무엇인가요?"라는 다소 추상적인 프롬프트를 입력했다고 해보자.

 챗GPT의 장점은 무엇인가요?

 챗GPT의 장점은 다양합니다. 다음은 그중 몇 가지 주요 장점입니다:

1. 언어 이해와 생성 능력: 챗GPT는 방대한 양의 텍스트 데이터를 학습하여 자연스러운 언어 이해와 생성을 할 수 있습니다. 이는 복잡한 문장 구조와 다양한 주제에 대해 대화를 나눌 수 있게 합니다.
2. 24/7 가용성: 챗GPT는 언제든지 접근 가능하며, 시간에 구애받지 않고 질문에 답할 수 있습니다. 이는 사용자에게 빠르고 지속적인 지원을 제공합니다.
3. 다양한 주제에 대한 지식: 챗GPT는 과학, 기술, 역사, 문화 등 다양한 분야에 걸친 폭넓은 지식을 보유하고 있습니다. 따라서 사용자가 궁금해하는 다양한 질문에 대한 답변을 제공할 수 있습니다.
4. 다국어 지원: 챗GPT는 여러 언어를 이해하고 사용할 수 있습니다. 이는 글로벌 사용자들에게 유용하며, 다양한 언어로 질문을 받고 답변을 제공할 수 있게 합니다.
5. 사용자 맞춤형 응답: 챗GPT는 사용자로부터의 피드백을 반영하여 응답을 조정할 수 있습니다. 이를 통해 사용자에게 더욱 맞춤형 정보를 제공할 수 있습니다.

6. 효율적인 정보 검색: 챗GPT는 필요한 정보를 빠르게 검색하고 요약할 수 있는 능력이 있어, 사용자가 시간을 절약할 수 있습니다.
7. 비용 절감: 챗GPT를 활용하면 인건비나 고객 서비스 비용을 절감할 수 있습니다. 이는 기업에게 경제적인 이점을 제공합니다.
8. 창의적 지원: 챗GPT는 글쓰기, 아이디어 생성 등 창의적인 작업에서도 유용하게 활용될 수 있습니다. 사용자가 새로운 아이디어를 구상하거나 글을 작성하는 데 도움을 줄 수 있습니다. 이러한 장점들은 챗GPT가 다양한 산업 및 용도에서 유용하게 활용될 수 있게 만듭니다.

답변의 범위가 매우 넓고, 마케터에게 도움이 될 만한 내용이 별로 없다. 이는 챗GPT에 문제가 있어서 그런 것이 아니라 사용자가 목적에 맞는 구체적인 질문을 하지 않았기 때문에 발생한 결과다. 챗GPT는 질문자의 의도를 정확히 알지 못하기 때문에 가급적 최대한 넓은 범위에서 답변을 해 질문자의 요청을 충족하려고 한다. 하지만 답변의 길이는 제한되어 있기 때문에 깊이가 얕고 장황한 답변을 하게 된다.

이번에는 프롬프트에 구체성을 추가해보자. '블로그 마케팅'과 '마케터의 관점'으로 목표를 분명히 하면서 정보를 찾아야 하는 영역을 좁혀주고, 출력 개수는 3가지로 제한을 두었다.

블로그 마케팅을 할 때 챗GPT를 사용하면 어떤 장점이 있는지 콘텐츠 마케터의 관점에서 3가지를 알려줘.

블로그 마케팅에서 ChatGPT를 활용하면 이러한 장점이 있습니다:

1. 콘텐츠 생성 속도와 효율성 향상:
- 빠른 콘텐츠 작성: ChatGPT는 주제에 맞춰 신속하게 고품질의 글을 생성할 수 있어 마케팅 캠페인에 필요한 블로그 포스트를 빠르게 작성할 수 있습니다.
- 다양한 주제 다루기: 다양한 주제와 관련된 콘텐츠를 쉽게 생성할 수 있어 블로그에 다양한 콘텐츠를 제공할 수 있습니다.
- 반복 작업 자동화: 자주 필요한 텍스트 예를 들어, FAQ, 제품 설명, 뉴스레터 초안 등을 자동으로 작성해 시간과 노력을 절약할 수 있습니다.

2. SEO 최적화 지원:
- 키워드 최적화: ChatGPT는 주어진 키워드를 기반으로 자연스럽고 최적화된 콘텐츠를 생성할 수 있어 검색 엔진 최적화(SEO)에 유리합니다.
- 메타데이터 생성: 블로그 포스트의 메타 제목, 메타 설명 등 SEO에 중요한 메타데이터를 자동으로 생성해 SEO 작업을 간소화할 수 있습니다.
- 콘텐츠 구조화: SEO 친화적인 콘텐츠 구조를 유지하며, 검색 엔진에서 잘 노출될 수 있도록 도와줍니다.

3. 독창적이고 창의적인 콘텐츠 제작:
- 새로운 아이디어 제공: 특정 주제나 키워드에 대한 새로운 콘텐츠 아이디어를 제안해주어, 항상 신선한 콘텐츠를 제공할 수 있습니다.
- 다양한 톤과 스타일: 마케팅 목표에 맞춰 다양한 톤과 스타일의 글을 작성할 수 있어 타겟 독자에게 더 잘 맞는 콘텐츠를 제작할 수 있습니다.
- 개인화된 콘텐츠: 독자의 관심사와 선호도에 맞춘 개인화된 콘텐츠를 생성해 블로그 방문자의 참여도를 높일 수 있습니다.

이러한 장점들은 콘텐츠 마케터가 블로그 마케팅 전략을 더욱 효과적으로 수행하는 데 큰 도움이 됩니다.

더 전문적이고 도움이 되는 답변이 나왔다. 여기에 한발 더 들어가서, 출력 형식을 구체화해보자.

 블로그 마케팅을 할 때 챗GPT를 사용하면 어떤 장점이 있는지 콘텐츠 마케터의 관점에서 3가지를 알려줘.
이때 아래 조건을 모두 만족해줘.
-표로 출력해줘.
-짧고 강렬한 문장을 사용해줘. 이모지도 사용해줘.
-각 항목을 잘 이해할 수 있게 구체적인 활용 예시를 알려줘.

 다음은 블로그 마케팅에서 챗GPT를 사용할 때의 장점을 콘텐츠 마케터의 관점에서 정리한 표입니다:

장점	설명	구체적인 활용 예시
💡 시간 절약	빠른 콘텐츠 작성 가능	챗GPT에게 키워드를 주고, 초안 작성 요청
💡 아이디어 생성	독창적인 아이디어 제공	블로그 주제나 제목 브레인스토밍
🎯 개인화된 콘텐츠	타깃 독자 맞춤형 글 작성	특정 독자층을 위한 맞춤형 글 작성 예시

이 표를 통해 챗GPT를 블로그 마케팅에 활용할 때의 주요 장점을 간략하고 명확하게 이해할 수 있습니다.

"표로 출력해줘." "짧고 강렬한 문장을 사용해줘. 이모지도 사용해줘." "각 항목을 잘 이해할 수 있게 구체적인 활용의 예시를 알려줘." 등의 문장을 통해서 요구사항을 구체화했더니 사용자가 원하는 형식에 맞게 답

변이 출력되었다. 답변 내용을 구체적으로 통제한 결과 사용자의 의도가 답변에 잘 반영된 것이다.

즉 사용자가 원하는 답변을 얻기 위해서는 원하는 바를 구체적으로 명령하는 것이 중요하다. 답변할 영역이 너무 넓다면 다양한 분야의 겉부분만 살짝 보여주는 수준의 답변이나, "하늘은 높고, 바다는 깊다"는 식의 당연한 이야기만 나오게 된다. 인공지능 서비스가 답변할 수 있는 영역을 좁혀 줄수록 깊이 있고 전문적인 답변이 나온다. 잊지 말자! 프롬프트에는 사용자의 의도를 구체적으로 반영해야 좋은 답변이 나온다.

2장
프롬프트 기본 공식

그렇다면 어떻게 프롬프트를 구체적으로 구성할 수 있을까? 인공지능 서비스를 사용해보지 않거나 평소 이런 부분에 대한 고민을 해보지 않았다면 매우 어려울 수 있다. 하지만 해답은 간단하다. 어떻게 하면 사람에게 효과적으로 작업을 요청할 수 있을지를 생각해보는 것이다.

예를 들어, 회사의 신입사원에게 어떻게 일을 시켜야 할까? 필자는 일의 목표를 중심으로 5가지 단계를 구분하고, 각 단계를 차례대로 고민하는 것을 제안한다. 다음의 표를 살펴보자.

단계	설명
역할 부여	내가 업무를 지시할 그 사람의 역할은 무엇인가?
목표 선정	그 사람이 무슨 일을 해야 하나?
사전 지식 제공	그 사람이 일을 잘하기 위해서 내가 어떤 걸 도와주면 될까?
미션 수행	그 사람이 어떤 답변을 해야 내가 만족할까?
수정	만약 그 사람의 답변이 만족스럽지 않을 때 어떻게 다시 지시해야 할까?

신입사원에게 역할을 부여하고, 해야 할 목표를 지정해준다. 그 목표를 명확하게 인식하고 제대로 실행할 수 있도록 사전 지식을 제공해준다.

이를 바탕으로 어떻게 작업을 해야 하는지에 대해서 구체적으로 지시한다. 그리고 나온 답변을 여러 번 수정해서 내가 원하는 결과를 얻는다. 프롬프트를 구성할 때는 앞 쪽의 표에서 "사람" 부분을 인공지능 서비스로 바꾸기만 하면 된다. 여기서는 '챗GPT'로 바꿔서 생각해보자.

챗GPT에게 역할을 부여한 뒤 해야 할 목표를 지정한다. 그 목표에 부합하는 답이 나오도록 사전 지식을 충분히 제공한다. 또한 내용이나 형식 등의 면에서 내가 원하는 답변을 받기 위해 구체적으로 어떻게 답변해야 할지 지시한다. 그렇게 출력된 답변을 여러 번 수정하는 과정을 거치면, 챗GPT를 통해 좋은 품질의 콘텐츠를 만들 수 있다.

물론 모든 상황에 이 5가지 단계를 모두 적용해 프롬프트를 구성할 필요는 없겠지만, 각 단계에 따른 내용을 충실하게 입력할수록 좋은 답변이 나온다. 그리고 프롬프트를 배우는 단계에서는 이 5가지 단계를 모두 사용해서 프롬프트를 구성하도록 연습하는 것이 좋은 프롬프트를 만드는 데 큰 도움이 된다. 이제 본격적으로 이 5가지 단계인, 역할 부여 – 목표 선정 – 사전 지식 제공 – 미션 수행 – 수정에 대해서 자세하게 알아보자.

1단계: 역할 부여

역할 부여 단계는 인공지능 서비스에게 최면을 거는 것이라고 생각하면 이해하기 쉽다. 제대로 된 역할을 부여해야만 일관된 관점으로 이야기를 하고, 내가 원하는 수준의 답변이 나온다. 역할을 부여하면 답변이 어떻게 달라지는지를 알아보기 위해 챗GPT에게 "챗GPT에 대해서 간단하게 설명해줘"라는 요청과 함께 초등학생, 컴퓨터 공학 전공 대학생, 콘텐츠 마케터라는 역할을 각각 부여해서 프롬프트를 구성했다. 답변이 어떻게 다른지 살펴보자.

너는 초등학생이야. 챗GPT에 대해서 간단하게 설명해줘.

 안녕! 챗GPT에 대해 간단하게 설명해줄게.

챗GPT는 컴퓨터 프로그램인데, 사람처럼 대화를 할 수 있어. 사람들이 질문을 하면, 이 프로그램이 대답을 해줄 수 있어. 마치 친구와 이야기하는 것처럼 말이야. 이것은 인공지능(AI)이라고 불리는 기술로 만들어졌어. 많은 책, 기사, 웹사이트 등을 읽고 배워서 여러 가지 질문에 답할 수 있어.

예를 들어, 수학 문제를 풀거나, 역사 이야기를 해주거나, 어떤 게임에 대해 설명해줄 수도 있지. 그래서 학교 공부를 도와주거나 재미있는 이야기를 나눌 수 있는 도구야. 도움이 필요하면 언제든지 물어봐!

 너는 컴퓨터 공학을 전공한 대학생이야. 챗GPT에 대해서 간단하게 설명해줘.

 챗GPT(또는 ChatGPT)는 OpenAI에서 개발한 언어 모델로, GPT(Generative Pre-trained Transformer) 아키텍처를 기반으로 합니다. 이는 자연어 처리(NLP) 기술의 한 유형으로, 인간이 작성한 것처럼 자연스럽게 텍스트를 생성하는 데 사용됩니다. GPT는 사전 학습(Pre-training)과 미세 조정(Fine-tuning)이라는 두 단계로 구성됩니다.

1. 사전 학습(Pre-training): 대규모 텍스트 데이터셋을 사용하여 모델을 학습시킵니다. 이 과정에서 모델은 언어의 문법, 어휘, 그리고 일반적인 상식 등을 습득합니다. 이 단계에서 모델은 다음 단어를 예측하는 방식으로 학습합니다.
2. 미세 조정(Fine-tuning): 특정 작업에 맞추어 모델을 조정합니다.

예를 들어, 챗봇처럼 특정 질문에 답변하도록 학습시킬 수 있습니다. 이 과정에서는 더 작은 데이터셋을 사용하며, 보다 구체적인 지침을 따릅니다.

챗GPT는 이러한 과정을 거쳐 개발되었으며, 다양한 애플리케이션에 활용될 수 있습니다. 예를 들어, 고객 지원, 언어 번역, 글쓰기 도우미, 교육 도우미 등 여러 분야에서 사용됩니다.
이 모델의 핵심은 트랜스포머(Transformer)라는 딥러닝 아키텍처에 있습니다. 트랜스포머는 병렬 처리에 강점이 있어 대규모 데이터 학습에 매우 효율적입니다. GPT 모델은 이 트랜스포머를 기반으로 언어의 맥락을 이해하고, 사용자가 입력한 텍스트에 맞추어 적절한 응답을 생성할 수 있습니다.
간단히 말해, 챗GPT는 자연어 처리 기술을 활용하여 인간과 유사한 방식으로 텍스트를 이해하고 생성하는 AI 모델입니다.

 너는 콘텐츠 마케터야. 챗GPT에 대해서 간단하게 설명해줘.

 챗GPT(ChatGPT)는 OpenAI에서 개발한 대화형 인공지능 모델입니다. GPT는 "Generative Pre-trained Transformer"의 약자로, 방대한 양의 텍스트 데이터를 학습하여 사람과 자연스럽게 대화할 수 있는 능력을 갖추고 있습니다.

챗GPT의 주요 특징은 다음과 같습니다:

1. 자연스러운 대화: 사용자의 질문에 대해 자연스럽고 이해하기 쉬운 답변을 제공합니다. 다양한 주제에 대해 대화를 나눌 수 있습니다.
2. 학습된 데이터: 인터넷에 존재하는 다양한 텍스트 데이터를 기반으로 학습되었으며, 여러 분야에 대한 지식을 가지고 있습니다.
3. 다양한 활용: 고객 지원, 콘텐츠 생성, 언어 번역, 코딩 도움 등 다양

> 한 분야에서 활용될 수 있습니다.
> 4. 지속적인 업데이트: 모델은 계속해서 개선되고 업데이트되며, 새로운 데이터를 학습하여 더 나은 성능을 제공합니다.
>
> 챗GPT는 사용자와의 상호작용을 통해 정보 제공, 문제 해결, 아이디어 제안 등 다양한 방식으로 활용될 수 있으며, 특히 콘텐츠 마케팅에서 유용하게 사용될 수 있습니다. 예를 들어, 블로그 포스트 작성, 소셜 미디어 콘텐츠 생성, 광고 카피 작성 등에서 창의적이고 효율적인 도움을 줄 수 있습니다.

"챗GPT에 대해서 간단하게 설명해줘"라는 핵심 프롬프트는 동일하지만 부여한 역할에 따라 내용과 톤앤매너가 다른 답변이 출력된다. 그래서 내가 원하는 답변을 얻으려면 인공지능 서비스에게 명확한 역할을 부여하는 것이 중요하다.

역할을 부여하는 방법은 어렵지 않다. 다양한 방법이 있지만 앞의 예시에서처럼 전공이나 직군 등 특징이 담긴 설정을 담아서 "너는 대학생이야", "너는 콘텐츠 마케터야"와 같이 한 문장만 넣어주면 된다. 만약 도움을 받는 역할까지 상정하고 싶다면 "나는 초등학생이고 너는 선생님이야" 정도로만 해줘도 충분히 역할을 지정할 수 있다. 이외에도 "나는 신입이고 너는 전문 콘텐츠 마케터야"나 "나는 요리를 배우려는 요리 수강생이고 너는 백종원이야. 지금부터 나를 도와줘" 같은 역할을 설정하면 필요한 목적에 맞는, 좀 더 정확한 답변을 얻을 수 있다. 역할 부여는 채팅창에 가장 처음 질문을 입력할 때 해주는 것이 좋다.

그리고 하나의 채팅창에는 하나의 역할만 부여하는 것이 좋다. 여러 역할이 부여되면 챗GPT가 혼선을 빚을 수 있기 때문이다. 다른 역할을 부여하려면 새로운 채팅창을 열어서 새롭게 프롬프트를 입력하자.

2단계: 목표 선정

목표 선정 단계에서는 프롬프트의 최종 목표를 입력한다. 이때 중요한 것은 목표를 구체적으로 정의하고, 기대하는 답변의 기준을 분명히 세우는 것이다. 목표는 명확한 단어로 표현해야 하며, 답변의 기준은 범위를 정해주거나 특정한 조건을 부여해서 설정할 수 있다. 예를 들어 "파리의 주요 관광지를 추천해줘"처럼 목표를 설정하고, "파리 중심부의 관광지만 추천해줘" 또는 "20대가 많이 찾는 관광지를 중심으로 추천해줘"라고 구체화하면 답변이 더 명확해진다.

3단계: 사전 지식 제공

사전 지식 제공 단계에서는 인공지능 서비스가 프롬프트를 이해하고 작업을 수행하기 위해 필요한 배경 지식이나 정보를 제공한다. 이 단계에서 받은 사전 지식을 통해 인공지능은 프롬프트의 의도와 맥락을 파악하고, 답변의 범위를 구체적으로 정하게 된다. 이때 텍스트뿐만 아니라 파일, URL, 이미지 등을 사전 지식으로 제공할 수도 있다.

예를 들어 사용자가 온라인 토익교육원에서 일하는 마케터라고 가정하자. "우리 회사는 온라인 토익교육원이야"라고 하는 것보다 "우리 회사는 20대~30대 취업준비생이 많이 등록하는 온라인 토익교육원이야"처럼 타깃 고객에 대한 구체적인 정보를 주는 것이 좋다. 또 합격률 95% 같은 서비스의 장점을 알려주는 것도 좋다.

4단계: 미션 수행

미션 수행 단계는 크게 구분해보면 구체적 지시와 톤앤매너, 그리고 출력 형식이라는 3가지 요소로 구성된다.

구체적 지시

사진과 함께 업로드할 인스타그램 게시글을 작성하는 프롬프트를 구성한다고 가정해보자. 여기서 필요한 지시란 이미지에 어울리고 노출이 잘 될 만한 인스타그램 게시글을 만들도록 하는 것이다. 지시를 구체적으로 잘 하려면 개인의 경험과 노하우가 중요하다. 다음의 사례를 살펴보자.

 내가 업로드한 이미지를 분석해서 게시글을 작성해줘. 한글로, 200자 이내로, 3개의 문장으로 구성해줘. 게시글의 내용과 관련도 높고 노출 알고리즘에 적합한 해시태그 10개를 작성해줘.

필자는 인스타그램에 작성할 게시글을 요청할 때 위와 같이 입력한다. 물론 구체적인 지시 내용은 개인의 경험과 노하우에 따라서 다양하게 작성될 수 있다.

　새로운 영역에 도전하는 것이거나 경험이 적어 마땅한 노하우도 없다면 구체적인 지시를 내리기가 쉽지 않다. 이런 경우에도 인공지능 서비스의 도움을 받으면 좋다. 예를 들어 블로그 포스팅을 한번도 작성해본 적이 없는 사람이 포스팅 제목을 요청하는 프롬프트를 구성하고 싶다고 하자. 어떤 구체적인 지시 사항이 있으면 좋을지를 챗GPT에게 다음과 같이 물어볼 수 있다.

"블로그 포스팅 제목"을 인공지능 서비스에게 요청하기 위한 구체적인 프롬프트를 구성하려고 해.

프롬프트에 바로 사용할 수 있게 내가 무얼 알려주면 좋을지 5단계로 구체적인 지시를 작성해줘.

출력 형식은 아래와 같이 해줘.

1단계:

2단계:

 인공지능 서비스에 블로그 포스팅 제목을 요청하기 위한 구체적인 프롬프트를 구성하려면 다음 5단계 지시를 따르는 것이 좋습니다.

1단계: 포스팅의 주제와 핵심 내용을 설명하세요.
예: "시간 관리 기술에 대해 소개하는 포스팅" 또는 "소규모 사업을 시작할 때 알아야 할 핵심 전략들"
2단계: 포스팅의 목적이나 목표를 명확히 작성하세요.
예: "독자들이 실생활에서 시간 관리 능력을 향상시키는 데 도움을 주기 위함" 또는 "사업을 시작하는 사람들이 실수를 줄이고 성공 확률을 높이기 위함"
3단계: 타겟 독자층을 구체적으로 정의하세요.
예: "직장인, 대학생, 프리랜서" 또는 "창업 준비 중인 20~40대"
4단계: 포스팅에서 다룰 주요 내용이나 키 포인트를 나열하세요.
예: "효과적인 시간 관리법 5가지" "자주 저지르는 시간 관리 실수" "생산성을 높이는 팁"
5단계: 포스팅의 톤과 스타일을 설명하세요.
예: "전문적이고 신뢰감 있는", "가볍고 친근한", "유머러스하면서도 유익한"

이 지시를 활용하면 인공지능이 요청에 맞는 블로그 포스팅 제목을 더욱 정확하게 생성할 수 있습니다!

챗GPT가 출력한 답변은 블로그 포스팅을 하는 데 매우 기본적인 부분을 고려해서 작성되어 초보자에게 유용하다. 이렇게 받은 답변을 자신의 상황에 맞게 수정해서 사용하면 된다.

톤앤매너

이제 톤앤매너를 설정해보자. 톤앤매너를 어떻게 넣느냐에 따라 답변 내용이 조금씩 달라진다. 다양한 톤앤매너의 예시는 아래와 같다.

Academic	학술적인
Analytical	분석적인
Confident	자신감 있는
Conversational	구어체의
Critical	비판적인
Descriptive	설명적인
Emotional	감성적인
Formal	공식적인
Friendly	친근한
Humorous	유머러스한
Informal	비공식적인
Informative	유익한
Instructive	가르치는
Ironic	반어적인
Journalistic	보도적인
Metaphorical	은유적인
Optimistic	낙관적인
Persuasive	설득하는
Pessimistic	회의적인

Playful	장난기 섞인
Poetic	시적인
Professional	전문적인
Sympathetic	공감을 구하는
Technical	기술적인
Warm	따뜻한

이렇게 다양한 톤앤매너 중 해당하는 프롬프트에 어울리는 것을 선택해 설정하면 된다. 예를 들어서 '간헐적 단식의 장점 총정리'에 대한 글의 제목을 짓고 싶다고 하자. 제목에 다양한 톤앤매너를 적용할 수가 있다. 각각 "친근하고 유머러스한 톤앤매너" "전문적으로 설득하는 톤앤매너" "따뜻하고 감성적이면서도 친근한 뉘앙스"로 요청한 결과는 아래와 같다.

친근하고 유머러스한 톤앤매너	전문적으로 설득하는 톤앤매너	따뜻하고 감성적이면서도 친근한 뉘앙스
1. 하루 몇 끼 굶었다고? 간헐적 단식의 놀라운 비밀 2. 밥 안 먹기의 대반전: 당신이 몰랐던 간헐적 단식의 꿀팁 3. 배고픈 2시간이 당신을 구원한다! 간헐적 단식 A to Z	1. 과학적 근거로 살펴보는 간헐적 단식의 핵심 효과 2. 대사작용 개선부터 수명 연장까지: 간헐적 단식의 임상적 이점 3. 현대인의 최적화된 건강 관리법: 간헐적 단식의 메커니즘과 효과	1. 당신의 몸이 가장 행복해지는 시간, 간헐적 단식 이야기 2. 하루 두 끼의 마법: 나를 위한 작은 선물, 간헐적 단식 3. 몸과 마음이 가벼워지는 시간, 간헐적 단식으로의 여행

이렇게 톤앤매너를 지정해 요청하면 상황에 걸맞은 답변을 받을 수 있다.

출력 형식

마지막은 출력할 형식을 결정하는 것이다. 글의 목적에 따라 적합한 형식을 지정하면 된다. 아래 표는 간헐적 단식의 정의를 3가지 형식으로 요청한 결과이다. 문장 앞에 글머리 기호를 붙이는 "글머리기호 사용", 문제점과 불편 요소 및 해결책을 제시하는 "PAS 형식", 마지막으로 핵심 정보를 맨 앞에 두고 세부 사항을 뒤에 배치하는 "역피라미드 형식"으로 출력을 요청했다.

글머리기호 사용	PAS 형식	역피라미드 형식
- 간헐적 단식이란? 일정한 시간 동안 식사를 중단하고 일정 기간에만 음식을 섭취하는 다이어트 방식입니다. - 주요 목표는 몸을 일정 시간 단식 상태로 유지하여 지방 연소와 체중 감량을 촉진하는 것입니다. - 대표적인 방법으로 16:8, 5:2 등 다양한 방식이 있으며 개인의 생활 패턴에 맞게 선택할 수 있습니다.	Problem: 체중 증가, 대사 불균형, 만성 질환의 증가로 인해 체중 감량과 건강 관리에 대한 관심이 높아졌습니다. Agitation: 다양한 다이어트 방식 중 지속 가능한 방법을 찾는 것은 어렵습니다. 특히 효과적인 체중 감량 방법에 대한 고민이 큽니다. Solution: 간헐적 단식은 일정한 시간 동안 식사를 중단함으로써 몸을 단식 상태로 두어 지방을 태우고 체중을 줄이는 방식으로, 생활 패턴에 맞춰 쉽게 적용할 수 있는 다이어트 방법입니다.	간헐적 단식은 일정 시간 동안 식사를 중단하고 제한된 시간에만 음식을 섭취하여 체중 감량과 건강 증진을 목표로 하는 식사 방식입니다. 이 방식은 지방을 연소하고 대사를 개선하여 장기적인 체중 관리를 돕는 것으로 알려져 있습니다. 대표적으로 16시간 단식 후 8시간 동안 섭취하는 16:8 방식, 일주일 중 이틀만 적게 섭취하는 5:2 방식 등 다양한 형태로 개인의 생활 패턴에 맞춰 활용 가능합니다.

5단계: 수정

역할 부여-목표 선정-사전 지식 제공-미션 수행의 4단계를 거치면 1차 답변이 출력된다. 1차 답변이 나오면 수정 프롬프트를 통해 사용자의 필요에 맞게 2, 3차 또는 그 이상의 수정을 진행하면서 최종 결과물을 출력한다. 여기서 중요한 부분은 1차 답변의 만족도를 높이기 위해서는 앞의 4단계를 체계적으로 작성할 필요가 있다는 점이다. 1차 답변이 사용자의 목적에 잘 부합한다면 수정 작업을 크게 줄일 수 있다. 결과적으로 최적화된 콘텐츠를 빠른 시간에 생성할 수 있다.

프롬프트를 잘 구성하는 방법

조건 세분화

프롬프트에 여러 질문이 중첩되어 있을 때는 각각 1가지 의미만을 담은 구체적인 질문들로 세분화하는 것이 좋다. 질문이 추상적이거나 답변 가능한 범위가 너무 방대할 때도 마찬가지다. 아래 사례를 보자.

 세계 2차 대전의 원인과 결과, 교훈에 대해 알려줘.

위 프롬프트는 아래와 같이 세부 작업으로 나눌 수 있다.

 아래 질문에 적합한 답변을 해줘.
1. 2차 세계대전의 주요 원인은 무엇이었나요?
2. 전쟁으로 인한 인류의 피해 규모는 어느 정도였나요?
3. 2차 대전 이후 냉전 체제가 형성된 배경을 설명해주세요.
4. 현대 국제질서의 기원을 2차 대전에서 찾을 수 있을까요?
5. 2차 대전의 반성에서 유엔이 출범하게 된 과정을 설명해주세요.

미션 수행을 보다 효과적으로 할 수 있는 방법 또한 지시 사항과 출력 형태, 그리고 톤앤매너를 각각 한 문장으로 구성하는 것이다. 이를 잘 모르면 보통 아래와 같이 이어진 문장으로 요청하는 경우가 대부분이다.

내가 업로드한 글을 자연스러운 한글로 요약한 뒤 화면에 출력해줘. 그리고 이 내용을 바탕으로 디지털마케터를 대상으로 해서 유머러스한 구어체의 톤앤매너로 블로그 포스팅을 작성해줘.

위 프롬프트처럼 조건을 하나씩 따로 구성하지 않고 1~2개의 문장으로 구성하면 1차 답변을 수정하고 싶을 때 어떤 부분이 문제인지를 파악하기가 쉽지 않다. 아래와 같이 각 조건별로 문단을 나누어서 보내보자.

아래 조건을 모두 만족해줘.
- 자연스러운 한글을 사용해서 작성해줘.
- 우선 내가 업로드한 글의 내용을 글머리 기호를 활용해 단순하게 요약해서 출력해줘.
- 이렇게 요약한 내용을 바탕으로, 디지털 마케터를 대상으로 하는 블로그 포스팅 형식의 글을 작성해줘.
- 이때 톤앤매너는 유머러스한 구어체로 해줘.
- 글은 구체적이고 상세하게 작성해줘.

출력 형식 지정

또 하나의 팁은 내가 원하는 출력 형식을 만들어 넣는 것이다. 예를 들어 그냥 "인스타그램 프로필을 출력해줘"라고 하면 챗GPT가 스스로 판단해서 다양한 형식을 내놓을 수 있지만, 정확히 내가 원하는 형식으로는 출력되지 않을 수 있다. 원하는 출력 방식을 미리 구체적으로 입력해 주면 수정 횟수도 줄이고 내가 원하는 바를 빠르게 얻을 수 있다. 필자가 사용하는 방법을 알아보자.

아래 조건에 맞는 건강식 식단을 만들어줘.
- 하루 총 칼로리: 1500kcal 내외
- 단백질: 체중 1kg당 1g 이상 섭취
- 균형 잡힌 영양소 구성 (탄수화물, 단백질, 지방)

이때 출력은 아래 형식으로 해줘.
[추천 식단]
아침:
점심:
저녁:

대학교에 입학한 딸에게 선물을 주려고 해. 추천할 제품 3가지를 아래 형식처럼 출력해줘.

제품명: 무선 블루투스 이어폰
브랜드: ABX
모델명: X-300
장점: 1.
2.
3.

단점: 1.
2.
3.

이렇게 미션 수행 단계에서 프롬프트를 구성할 때 내가 원하는 형식을 미리 입력해주면 그에 맞는 답변을 받을 수 있다. 이는 1차 답변이 출력된 이후에 수정해야 할 횟수를 크게 줄여준다.

Few-shot 프롬프트 기법

여기서 조금 더 발전한 단계가 바로 Few-shot 프롬프트 기법이다. '몇 가지 예시'라는 뜻을 가진 이 기법은 단순히 형식을 일러주는 것이 아니라 몇 개의 예시를 프롬프트에 포함시켜서 인공지능 서비스가 패턴을 파악하고 그와 비슷한 형식으로 답변을 생성하게 하는 것이다.

 ○○○ 로봇청소기의 장점을 아래 예시들처럼 홍보해주세요.

제품 홍보문 작성 예시:

1. 이 무선 이어폰은 노이즈 캔슬링 기능이 탁월해 어떤 환경에서도 깨끗한 사운드를 즐길 수 있습니다. 최대 6시간 재생이 가능한 배터리로 늘 함께할 수 있는 최적의 음악 파트너입니다.

2. 이 스마트워치는 심박수와 혈중산소 측정, 수면 트래킹 등 다양한 건강관리 기능을 제공합니다. 항상 몸 상태를 체크하며 최상의 컨디션을 유지할 수 있게 도와주는 똑똑한 헬스케어 디바이스입니다.

3. 이 무선 충전기는 최대 15W 고속충전을 지원해 보다 빠르고 편리

한 충전이 가능합니다. 안전을 최우선으로 설계되어 발열이나 과충전 걱정 없이 안심하고 사용할 수 있습니다.

 아래 문자메시지 예시를 참고해, 가상의 제18호 태풍 루사에 대한 기상청 문자 알림을 작성해주세요.

기상청 태풍 예보 문자메시지 예시:

1. [기상특보] 제12호 태풍 오마이스가 북상 중입니다. 9월 2일 오후 3시 울산 동쪽 해상을 지나 영향권에 들 것으로 예상됩니다. 강풍과 호우에 대비하시고 안전에 유의하시기 바랍니다.

2. [태풍정보] 제14호 태풍 난마돌의 이동속도가 빨라지고 있습니다. 내일 새벽 제주도 남쪽 해상까지 근접할 것으로 보입니다. 강한 바람과 해일에 각별히 주의하시고 피해 없으시길 바랍니다.

 아래 레시피 형식을 참고해 진토닉 만드는 법을 설명해주세요.

칵테일 레시피 예시:

1. 모히토 - 럼 50ml, 라임주스 15ml, 설탕 1tsp, 민트 잎 5장을 잘게 자르고 얼음을 채운 잔에 넣은 후 소다수로 채워 섞는다.

2. 마가리타 - 데킬라 50ml, 트리플섹 15ml, 라임주스 30ml를 셰이커에 넣고 얼음과 함께 힘차게 흔든 뒤 소금이 리밍된 잔에 따른다.

이렇게 하면 인공지능이 사용자가 원하는 답변의 전체적인 톤앤매너와 출력 형식 등을 보다 정확히 판단하여 정교하게 답변할 수 있다.

3장
실전 연습

그럼 지금부터 프롬프트 기본 공식 5단계를 활용해 인스타그램 프로필 문구를 만들기 위한 실제 프롬프트를 구성해보자.

콘텐츠 주제: 여행 업체 파리송의 인스타그램 프로필 문구
최적 서비스: 챗GPT

단계	프롬프트
❶ 역할 부여	너는 지금부터 인스타그램 마케팅 전문가야.
❷ 목표 선정	너의 목표는 인스타그램 프로필에 들어갈 문구를 만드는 것이야.
❸ 사전 지식 제공	우리는 파리 여행 전문 여행사 '파리송'이야. 10년 넘게 운영되고 있으며, 파리 여행 상품을 전문으로 하는 여행사 중에서 가장 많은 여행객을 모집하고 있어. 우리 업체를 이용한 고객들의 후기는 매우 좋은 편이야.

❶인스타그램 프로필 문구 작성에 걸맞은 역할을 부여하고 ❷프롬프트의 최종 목표를 선정했다. ❸프로필 문구를 구체적으로 생성할 수 있도록 해당 계정에 대한 사전 지식을 제공해준다. 다음으로 ❹구체적 지시와 톤앤매너, 출력형식을 지정해준다.

단계	프롬프트
❹ 미션 수행	아래 조건을 모두 만족해줘. -내 브랜드의 특징을 잘 반영해서 작성해줘. -인스타그램 프로필 작성 문법에 맞게 작성해줘. -3개의 문장으로 구성해줘. -문장이 끝나면 자동으로 줄바꿈 해줘. -톤앤매너는 귀여운 말투, 짧고 재미있는 말투, 이모지 사용 -내가 선택할 수 있게 2개의 프로필을 만들어줘. -출력 형식은 아래와 같아. 프로필 문구1) 문장 1 문장 2 문장 3 강조 포인트: (어떤 점을 강조해서 작성했는지 알려줘)

앞의 역할 부여, 목표 선정, 사전 지식 제공 세 단계는 비교적 프롬프트 구성이 단순하기 때문에 쉽게 만들 수 있지만, 미션 수행 단계는 사용자의 노하우가 쌓일수록 구체적이고 정확하게 구성할 수 있다. 따라서 다양한 사례를 연습하면 점점 좋은 답변이 나올 것이다.

기본 프롬프트를 잘 만들어두었으니 인공지능 서비스가 어떤 결과물을 내놓는지 확인해보자. 필자는 챗GPT로 이 과정을 수행해보겠다.

프로필 문구1)
파리숑과 함께 파리로 떠나볼까요? ✈️
10년 동안 최고의 파리 여행을 선물했어요! 🎊
후기만 봐도 설레는 여행, 파리숑에서 시작해요! ♡
강조 포인트: 10년 동안 최고의 파리 여행을 제공한 경험과 좋은 고객

> 후기를 강조
>
> 프로필 문구2)
> 파리 전문 여행사, 파리썽! 🗺
> 여행객들이 믿고 찾는 10년 경력! 🔝
> 파리에서의 멋진 추억, 저희와 함께해요! 📷
> 강조 포인트: 파리 여행 전문성과 10년 경력, 고객들의 신뢰 강조

이 프롬프트는 코파일럿이나 클로드에서도 작동하며, 각 인공지능 서비스 모두 비슷한 형식의 답변을 출력할 것이다. 마치 영어를 구사할 줄 알면 미국, 캐나다, 영국, 호주 등 영어권 나라 어디서든 소통이 가능하듯이, 완성된 프롬프트가 있다면 챗GPT, 코파일럿, 클로드 등 다양한 인공지능 서비스에 그대로 사용할 수 있다.

이제 마지막 단계인 수정 단계이다. 우선 출력된 1차 답변을 보고 내가 입력한 프롬프트의 내용이 답변에 정확히 반영되었는지, 누락된 부분은 없는지, 수정할 부분은 없는지 등을 파악한다. 여기서 우리가 명심해야 할 부분은 3가지이다.

첫 번째는 동일한 프롬프트를 넣는다 하더라도 같은 결과물은 절대 나오지 않는다는 점이다. 정답이 아니라 가장 높은 확률의 답변을 출력하는 LLM 모델의 특징이다. 두 번째는 1차 출력물이 사용자의 마음에 들 가능성은 매우 낮다는 점이다. 기본 공식 4단계를 활용해 프롬프트를 구체적으로 구성하더라도 내가 원하는 결과의 70~80%만 만족시킨다고 보면 좋다. 따라서 1차 답변을 받은 이후 반드시 2차, 3차에 걸쳐 수정을 진행해 완성도를 높이는 과정은 필수적이다. 세 번째는, 만약 1차 출력물이 심히 불만족스럽다면 아예 새로운 채팅창에서 다시 프롬프

트를 입력해야 좋다는 점이다. 드물긴 하지만 이런 경우가 있다. 채팅창에 넣은 프롬프트를 보고 인공지능 서비스가 내놓은 답변이 내가 원한 답변에 절반도 못 미치는 것 같다면, 인공지능이 내 프롬프트를 정확하게 이해하지 못했을 가능성이 높다. 이런 경우 여러 번 수정을 하더라도 답변이 충분히 만족스러워지기 힘들다. 완전히 새로운 채팅창에 처음부터 다시 새로운 프롬프트를 작성해 시작하는 것을 추천한다.

1차 답변을 검토했다면 이제 답변을 수정해보자. 우선 챗GPT의 1차 답변을 보면서 수정할 부분을 찾는다. 이를 프롬프트로 구성해 다시 입력해준다. 직전에 예시로 들었던 인스타그램 프로필 문구 생성 과정에서는 프롬프트로 요청한 부분들이 충실히 반영되었지만, 만약 여기서 좀 더 전문적인 느낌을 주는 편이 좋겠다는 생각이 들어 톤앤매너를 수정한다고 가정해보자. 인공지능에게 '전문적인' 톤앤매너로 바꿔달라고 요청하자 아래와 같은 답변을 받았다.

 프로필 문구1)
파리 전문가, 파리숑과 함께하세요.
10년 경력, 믿을 수 있는 파리 여행 서비스.
고객 만족도 1위, 최고의 파리 여행을 제공합니다.
강조 포인트: 파리 여행 전문성과 10년 경력, 고객 만족도 1위 강조

프로필 문구2)
파리 여행의 모든 것, 파리숑.
10년 동안 수많은 고객이 선택한 여행사.
후기만으로도 증명되는 최고의 서비스.
강조 포인트: 10년 동안 수많은 고객이 선택한 신뢰성 강조

1차 답변에서 톤앤매너를 수정하는 프롬프트를 채팅창에 입력하여 2차 답변을 출력했다. 수정을 요청한 부분이 2차 답변에 잘 반영된 것을 볼 수 있다. 이러한 수정 작업을 거치다 보면 어느 시점에는 내가 원하는 답변과 가까운 답변이 나오게 된다.

이렇게 역할 부여-목표 선정-사전 지식 제공-미션 수행의 4단계를 통해서 1차 답변을 출력한 뒤 마지막 단계인 수정을 거듭하면서 사용자가 원하는 최적화된 답변을 얻는 것이 인공지능 서비스로 콘텐츠를 제작하는 기본 과정이다. 하나의 프롬프트 세트를 만드는 데는 오랜 시간이 걸릴 수 있지만, 한번 잘 만들어 완성된 프롬프트 세트는 메모장 등에 텍스트로 저장해두면 다른 상황에도 적절히 수정해서 사용할 수 있다. 예를 들어 토익학원의 인스타그램 프로필 문구를 의뢰받았다면, 앞서 만들었던 프롬프트를 다음과 같이 수정해서 사용할 수 있다.

단계	여행사 인스타그램 프로필 문구 프롬프트	토익학원 인스타그램 프로필 문구 프롬프트
역할 부여	너는 지금부터 인스타그램 마케팅 전문가야.	왼쪽과 동일
목표 선정	너의 목표는 인스타그램 프로필에 들어갈 문구를 만들어 주는 것이야.	왼쪽과 동일
사전 지식 제공	우리는 파리 여행 전문 여행사 '파리숑'이야. 10년 넘게 운영되고 있으며, 파리 여행 상품을 전문으로 하는 여행사 중에서 가장 많은 여행객을 모집하고 있어. 우리 업체를 이용한 고객들의 후기는 매우 좋은 편이야.	우리는 온라인 토익학원을 운영하고 있어. 20~30대, 그리고 직장인이 마케팅 타깃이야. 저렴하지만 강의 질이 훌륭해서 사용자들의 후기가 좋아. 또한 친구를 추천하면, 두 명 모두 수강료를 30% 할인해주는 이벤트를 진행하고 있어.

미션 수행	아래 조건을 모두 만족해줘. - 내 브랜드의 특징을 잘 반영해서 작성해줘. - 인스타그램 프로필 작성 문법에 맞게 작성해줘. - 3개의 문장으로 구성해줘. - 문장이 끝나면 자동으로 줄바꿈 해줘. - 톤앤매너는 귀여운 말투, 짧고 재미있는 말투, 이모지 사용. - 내가 선택할 수 있게 2개의 프로필을 만들어줘. - 출력 형식은 아래와 같아. 프로필 문구1) 문장1 문장2 문장3 강조 포인트: (어떤 점을 강조해서 작성했는지 알려줘.)	왼쪽과 동일

인스타그램 프로필 문구를 생성하는 기본 프롬프트에서 사전 지식 제공 부분을 수정해 토익학원의 인스타그램 프로필 문구를 생성하는 프롬프트를 만들었다. 이 수정한 프롬프트를 챗GPT에 넣어보자.

> 프로필 문구1)
> 저렴한 가격, 높은 퀄리티! ✨
> 직장인 토익은 여기! 💼
> 친구 추천하면 할인받아요! 🎉
> 강조 포인트: 저렴한 가격, 높은 강의 품질, 친구 추천 할인 혜택

> 프로필 문구2)
> 토익? 직장인을 위한 최고의 선택! 💼
> 후기가 증명하는 만족도 👍
> 친구랑 같이 할인받고 공부해요! 💝
>
> 강조 포인트: 직장인 대상, 높은 만족도 후기, 친구 추천 할인 혜택

여행사의 인스타그램 프로필 문구를 출력했을 때와 비슷한 퀄리티의 답변이 나오는 것을 볼 수 있다. 이처럼 기본 프롬프트를 잘 만들어둔다면 목적이 달라지더라도 몇몇 요소만 수정해서 손쉽게 활용할 수 있다. 적은 시간을 들여 훌륭한 결과물을 내놓는 것이 쉽지 않으나 잘 만들어진 기본 프롬프트는 그것을 해낸다. 작업의 효율성을 생각해 기본 프롬프트를 잘 만들어보자.

4장
확장 기능과 프롬프트

인공지능 서비스에는 앞서 말한 질문을 입력하고 답변을 출력받는 기본 기능 외에도 추가적인 기능이 몇 가지 존재한다. 이를 확장 기능이라고 칭한다. 4장에서는 가장 많이 사용하는 인공지능 서비스인 챗GPT, 클로드, 퍼플렉시티, 코파일럿의 확장 기능을 살펴보면서 사용자의 목적에 따라 어떤 서비스를 택하면 좋을지에 대해 설명하겠다.

웹 검색 기능

우선 웹 검색 기능이다. 앞서 말했듯 챗GPT는 MS의 검색엔진인 빙을 활용해서 정보를 수집한 다음 이를 프롬프트에 맞게 가공하고 출력한다. 사례를 통해 살펴보자.

 최근 6개월간 발표된 다양한 프롬프트 제작 팁에 대해서 알려달라는 프롬프트를 구성하려고 한다. 1차 답변을 얻기 위해서 아래의 표와 같이 역할 부여-목표 선정-사전 지식 제공-미션 수행 4단계를 구체적으로 작성한다.

단계	프롬프트
역할 부여	너는 인공지능 전문가야.
목표 선정	너의 목표는 프롬프트 작성 방법에 대한 팁을 찾아 정리해주는 것이야.
사전 지식 제공	오늘을 기준으로 최근 6개월간의 프롬프트 팁 관련 정보를 찾고 있어.
미션 수행	아래 조건을 모두 만족해줘. -초보자를 위해서 쉽게 설명해줘. -영어로 된 문서에서 정보를 찾아줘. -자연스러운 한국어를 사용해줘. -3개의 팁을 찾아줘. 아래 형식으로 정리해줘. 팁: (한눈에 들어오도록, 명료하게 작성해줘.) 내용 요약: (3개의 문장으로 요약해줘.) 활용 예시: (내가 직접 사용할 수 있게 사용 가능한 예시를 알려줘.) 해시태그: (주요 내용을 요약하는 해시태그 3개를 출력해줘.)

먼저 챗GPT에게 "인공지능 전문가"라는 역할을 부여하고 "프롬프트 작성 방법에 대한 팁을 찾아"달라는 목표를 선정했다. 그리고 "오늘을 기준으로 최근 6개월간의 프롬프트 팁 관련 정보를 찾고 있어"라는 문구를 넣어 자연스럽게 웹 검색 기능을 호출하는 사전 지식을 제공했다.

중요한 것은 미션 수행 단계에서 "영어로 된 문서에서 정보를 찾아"달라고 요청했다는 점이다. 한국어로 된 문서보다 영어로 된 문서가 많고, 한국어로 된 사이트에서는 챗GPT의 접근을 막는 경우가 상당히 잦아 정보를 가져오기가 쉽지 않다. 그래서 영어로 된 출처에서 정보를 찾아달라고 요청한 것이다. 다음으로는 영어로 된 정보를 한국어로 받아보기 위해 "자연스러운 한국어를 사용해줘"라는 문구를 넣어, 영어를 한국어로 번역하게 했다. 그리고 "팁"과 "내용 요약", "활용 예시", "해시태그"라는 출력 형식을 미리 입력하여 필자가 원하는 형식으로 출력되도록 했다. 그 답변이 다음의 것이다.

최근 6개월간 영어로 작성된 문서를 참고하여 초보자를 위한 프롬프트 작성 팁을 정리했습니다.

팁 1: 명확하고 구체적으로 작성하기
- 내용 요약: 프롬프트는 모호한 표현을 피하고, 원하는 작업을 명확하고 구체적으로 지시해야 합니다. 이렇게 하면 AI가 정확한 답변을 제공할 수 있습니다. (Brunch)
- 활용 예시: "초등학생이 이해할 수 있도록 태양계 행성들의 주요 특징을 설명해줘."
- 해시태그: #명확성 #구체성 #효과적인프롬프트

팁 2: 맥락과 배경 정보 제공하기
- 내용 요약: AI에게 작업의 배경이나 목적을 알려주면 더 정확하고 관련성 높은 답변을 얻을 수 있습니다. 프롬프트에 필요한 정보를 포함시키는 것이 중요합니다. (Brunch)
- 활용 예시: "학생들이 학교에서 환경 문제를 배우고 있어. 이와 관련된 간단한 퀴즈를 만들어줘."
- 해시태그: #맥락제공 #배경정보 #AI활용

팁 3: 원하는 출력 형식과 길이 지정하기
- 내용 요약: AI가 생성할 답변의 형식이나 길이를 명시하면 원하는 형태의 결과를 얻을 수 있습니다. 예를 들어, 글자 수나 문단 수를 지정하는 방법이 있습니다. (Magic AI Prompts)
- 활용 예시: "150자 이내로, 초등학교 교사들이 쉽게 이해할 수 있는 내용으로 설명해줘."
- 해시태그: #출력형식 #길이지정 #프롬프트작성

이러한 팁들을 활용하면 AI와의 상호작용에서 더 정확하고 유용한 답변을 얻을 수 있습니다.

1차 답변은 위와 같다. 각 답변 옆에 달린 괄호 안의 출처 이름을 누르면 해당 출처 페이지로 연결된다. 이를 통해 챗GPT가 출력한 답변이 영어로 된, 최근 6개월 이내의 문서로부터 얻은 정보임을 확인할 수 있다.

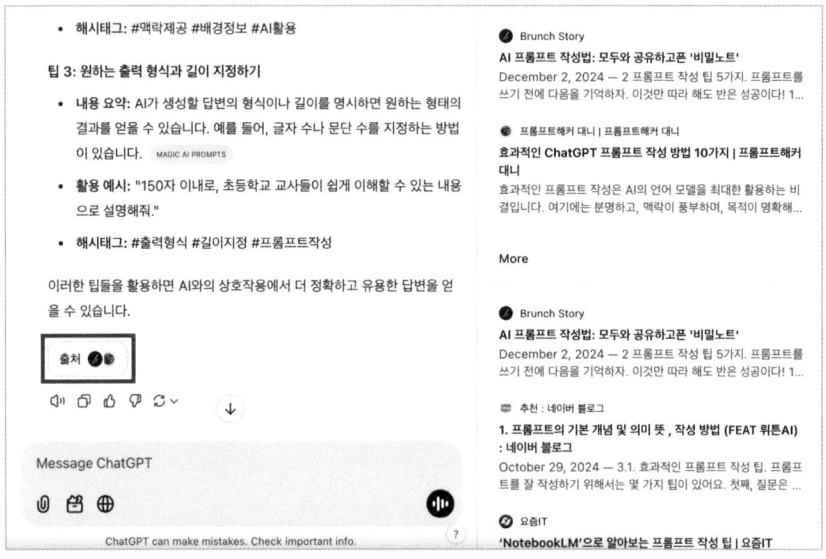

전체 출처를 한눈에 보고 싶다면 답변 최하단의 '출처' 버튼을 클릭하면 된다. 위 그림 속 화면에서 '출처'를 눌렀더니 우측에 출처가 된 웹사이트가 나열된 것을 볼 수 있다.

이렇듯 웹 검색 기능을 통해서 답변을 구성하고 싶다면 프롬프트에 오늘 기준으로 최근 데이터를 참고해서 답변을 출력해달라는 문구만 넣으면 자동으로 실행된다. 이번에는 챗GPT에 넣은 프롬프트와 동일한 내용을 코파일럿에 넣어서 실행시켜 보았다. 다음이 코파일럿의 답변이다.

프롬프트를 효과적으로 활용하는 팁을 알려드리겠습니다! 초보자를 위해 쉽게 설명하겠습니다. 영어로 된 문서에서 최근 6개월간 프롬프트 관련 정보를 찾아보았습니다. 아래는 요약과 활용 예시, 그리고 해시태그입니다:

1. 간결하고 직접적인 프롬프트 작성:
–AI는 복잡한 수수께끼나 숨겨진 보물 찾기를 좋아하지 않습니다. 명확하고 간결한 지시가 좋습니다.
–예시: "영어로 'Hello, world!'를 번역해주세요."

2. 문맥 제공:
–프롬프트에 문맥을 포함시키세요. 문맥은 AI에게 보물 상자에 대한 자세한 지도를 전달하는 것과 같습니다.
–예시: "뉴잉글랜드의 단풍이 가장 아름다운 시기는 언제인가요?"

(중략)

활용 예시:
–"번역해주세요"라는 간단한 프롬프트로 AI에게 다양한 언어로 문장을 번역하도록 요청할 수 있습니다.
–"날씨 정보를 알려주세요"라는 프롬프트로 AI에게 지역별 날씨를 조회하도록 할 수 있습니다.

해시태그:
#AI프롬프트 #인공지능 #프롬프트팁

원본: Copilot과의 대화, 2024. 6. 14. (출처)
(1) How to Write Good AI Prompts: A Beginner's Guide (+12 Templates). https://www.getmagical.com/blog/how-to-write-good-ai-prompts.

(2) Effective Prompts for AI: The Essentials – MIT Sloan Teaching & Learning Technologies. https://mitsloanedtech.mit.edu/ai/basics/effective-prompts/.
(3) 7 AI Prompting Tips and Tricks That Actually Work – MUO. https://www.makeuseof.com/ai-prompting-tips-and-tricks-that-actually-work/.
(4) Prompt engineering – OpenAI API. https://platform.openai.com/docs/guides/prompt-engineering/prompt-engineering.
(5) ChatGPT: New AI chatbot has everyone talking to it – BBC. https://www.bbc.com/news/technology-63861322.

 코파일럿의 1차 답변은 전체적으로 프롬프트에서 요구한 사항을 모두 잘 반영해 출력해줬으나, 요청한 출력 형식을 각각의 팁에 모두 적용하여 보여준 챗GPT와 비교하면 답변의 구체성이 부족하다. 이런 경우 2, 3차 수정 프롬프트를 통해서 구체화된 답변을 얻을 수 있지만 사용자의 많은 시간과 노력이 들어가야 한다.
 참고로 단순한 검색을 위해서 인공지능 서비스를 사용한다면 오히려 코파일럿이 제격이다. 짧은 프롬프트에 대한 이해도가 높으며 무엇보다 출력 속도가 빠르기 때문이다. 또한 MS의 서비스로서 MS의 검색엔진 빙과 결합이 잘 되어 있기 때문에, 검색 내용에 최적화된 답변이 나올 확률이 높다.
 예를 들어 코파일럿에 날씨를 물었을 때, 빙 검색 결과를 통해 다음 화면에서처럼 날씨를 시각적으로 쉽게 확인할 수 있는 그래픽까지 보여준다. 앞으로 코파일럿은 더욱 깊게, 더욱 다양한 영역에서 빙과 결합할 것으로 예상된다.

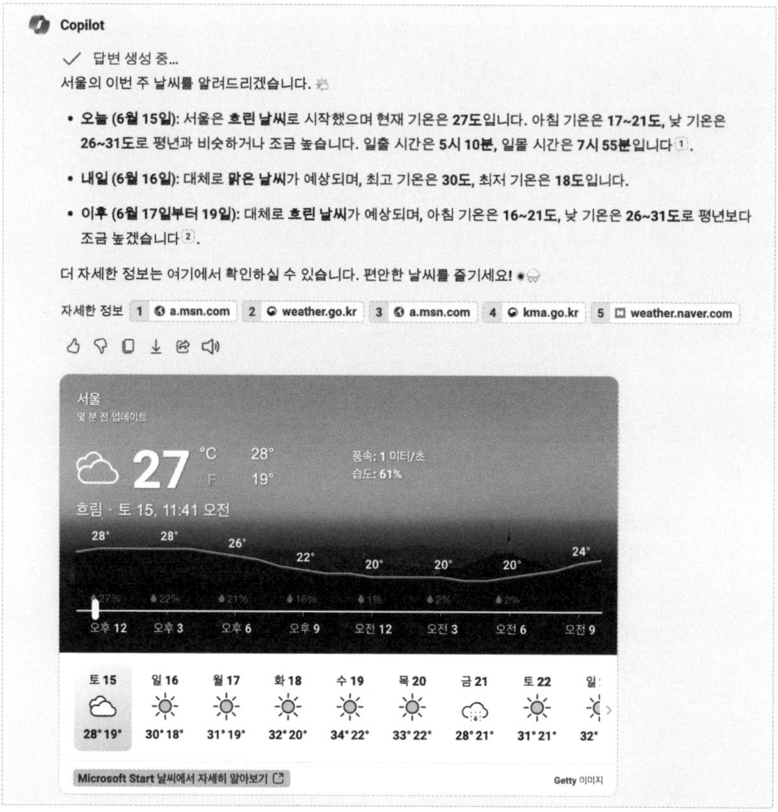

이번에는 검색에 강점을 두고 있는 퍼플렉시티에 프롬프트 작성 팁을 알려달라는, 앞과 동일한 구성으로 이루어진 프롬프트를 입력해보았다.

> ❋ **팁 1: 명확하고 구체적인 지시 사항을 제공하라**
>
> **내용 요약:**
> 1. 프롬프트에 명확하고 구체적인 지시 사항을 포함하면 더 정확한 결과를 얻을 수 있다.
> 2. 원하는 결과에 대해 상세히 설명하고, 모호한 표현은 피하는 것이 좋다.

4장 확장 기능과 프롬프트 **95**

3. 구체적인 지시사항은 AI가 사용자의 의도를 더 잘 이해하고 원하는 결과를 생성하는 데 도움이 된다.

활용 예시:
"너는 전문 작가야. 봄을 주제로 한 시를 써줘. 꽃, 새싹, 햇살 등의 단어를 사용하고, 희망과 새로운 시작의 느낌을 담아줘. 4연으로 구성된 운율이 있는 시를 써줘."

해시태그: #명확한지시사항 #구체적인설명 #정확한결과

팁 2: 역할 프롬프팅(Role Prompting)을 활용하라

내용 요약:
1. 역할 프롬프팅은 AI에게 특정 역할을 부여하여 해당 관점에서 응답하도록 하는 기법이다.
2. AI에게 전문가, 조언자, 창작자 등 다양한 역할을 부여할 수 있다.
3. 역할 프롬프팅을 통해 AI의 응답을 특정 방향으로 유도하고, 더 전문적이고 맥락에 맞는 결과를 얻을 수 있다.

활용 예시:
"너는 이제부터 영양학 전문가야. 건강한 아침식사를 위한 레시피를 추천해줘. 균형 잡힌 영양소와 쉽게 조리할 수 있는 방법을 포함해서 설명해줘."

해시태그: #역할프롬프팅 #전문가시점 #맥락에맞는응답

(중략)

Citations:
[1] https://www.reddit.com/r/midjourney/comments/126pzue/beginner_tips_for_creating_great_prompts_in/
[2] https://arxiv.org/html/2406.06608v1
(…)

[19] https://www.reddit.com/r/StableDiffusion/comments/
18lym36/prompt_documentation_for_beginners/
[20] https://arxiv.org/abs/2302.11382

퍼플렉시티의 1차 답변은 챗GPT의 답변과 비교해봐도 꽤 만족스럽다. 그리고 챗GPT에 비해서 보다 많은 정보를 참고해서 답변을 제공하고 있으며 웹사이트 외에도 pdf 파일, 경우에 따라서 유튜브 동영상의 내용까지 참고해서 답변을 구성했다. 웹 검색을 활용할 때 프롬프트가 복잡할수록 퍼플렉시티의 진가가 드러난다. 더 많은 출처에서 다양한 정보들을 가지고 와서 사용자의 프롬프트에 맞게 출력해준다.

마지막으로 클로드는, 앤트로픽의 정책이 웹 검색을 허용하지 않으므로 이 기능을 활용할 수 없다.

웹페이지/유튜브 분석 기능

두 번째 확장 기능은 웹페이지 분석 기능이다. 웹페이지의 내용을 바탕으로 콘텐츠를 제작하고 싶을 때 사용한다. 여기서 말하는 웹페이지는 텍스트만으로 되어 있는 웹페이지뿐만 아니라 유튜브 동영상 페이지도 포함된다. 참고로 해당 웹페이지에 이미지가 올라와 있을 경우 해당 이미지 속 텍스트 여부 및 가독성 정도에 따라서 분석 가능 여부가 달라진다.

여행 정보가 들어간 URL을 입력해서 여행 일정을 만들어보자. 사전 지식 제공 단계에서 "아래 URL을 참고해서 여자친구와 2박 3일의 여행 일정을 구성해줘"라는 요청과 함께 챗GPT가 분석해 참고할 웹페이지를 첨부했다. 필자는 '파리 여행' 관련 키워드를 검색해서 웹페이지를 찾았다. 여러분도 각자 가고 싶은 곳을 검색해서 웹페이지를 찾아보자.

단계	프롬프트
역할 부여	너는 지금부터 나의 여행 가이드야.
목표 선정	너의 목표는 내가 즐겁게 여행할 수 있도록 여행 일정을 짜주는 것이야.
사전 지식 제공	아래 URL을 참고해서 여자친구와 2박 3일의 여행 일정을 구성해줘. [여행 관련 웹페이지 주소 입력]
미션 수행	아래 조건을 모두 만족해줘. -많은 사람들이 가는 유명한 코스를 중심으로 구성해줘. -각 코스에 대해 내가 이해할 수 있도록 자세한 설명을 해줘. -3개의 해시태그로 각 코스의 특징을 나타내줘. -사용자들의 후기도 출력해줘. -식사는 점심과 저녁만 먹을 거고, 각 지역의 유명한 맛집으로 골라줘. -숙소는 각 지역에 있는 호텔로 선택해줘.

위의 프롬프트를 챗GPT에서 사용할 예정인데, 이때 웹페이지를 요약하면 짧은 시간 안에 웹페이지의 핵심 내용을 쉽게 파악할 수가 있다. GPT 스토어에 있는 맞춤형 GPT를 사용해 웹페이지를 효과적으로 요약할 수 있게 해보자. 앞서 말했듯 웹페이지를 요약하는 데 가장 많이 사용하는 맞춤형 GPT는 WebPilot이다. WebPilot을 설치하기 위해, 먼저 챗GPT 좌측 상단의 [GPT 탐색]을 클릭하자. (참고로 언어가 영어로 되어 있다면 우측 상단 프로필을 누른 뒤 '설정' 항목에서 서비스 언어를 한국어로 변경할 수 있다)

[GPT 탐색]을 눌렀다면 'GPT 검색' 창에 WebPilot을 검색한다. 아래 나열된 맞춤형 GPT 중에서 가장 상단의 것을 클릭하고, [채팅 시작]을 누르면 된다. 참고로 WebPilot을 자주 사용하고 싶다면, 좌측 상단의 [WebPilot]을 누르고 [사이드바에 유지]를 클릭해 좌측 바에 고정하면 된다.

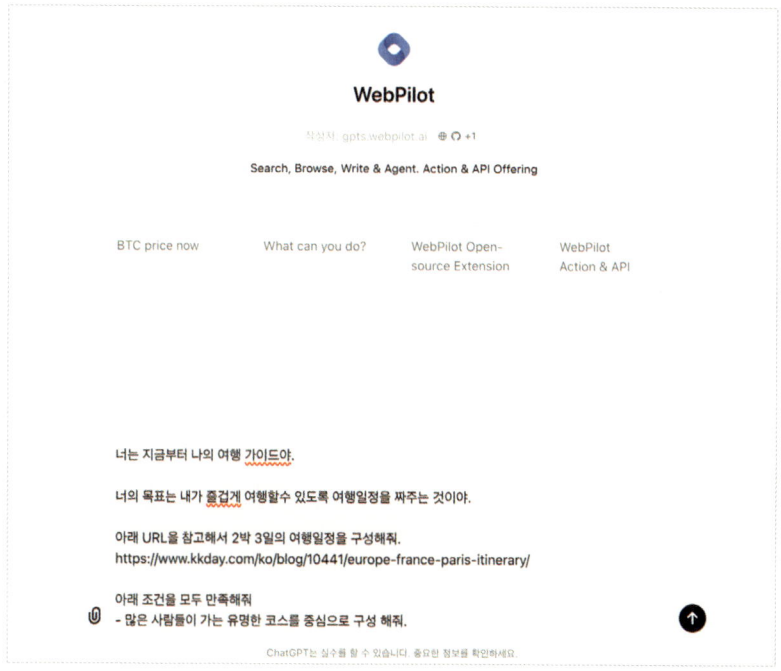

WebPilot의 장점은, 다른 GPT들은 요약하지 못하는 네이버 뉴스까지 잘 읽어서 요약해준다는 점이다. 다만 WebPilot을 사용하더라도 네이버 블로그, 카페 등은 요약이 되지 않는다. 네이버에서 외부 챗봇의 접근을 막았기 때문이다.

이렇게 WebPilot GPT가 설치된 챗GPT 채팅창에 앞의 프롬프트를 입력하자, 다음과 같이 1차 답변이 출력되었다.

파리 2박 3일 여행 일정

1일차

라빌레트 유역

라빌레트 공원
-넓고 깨끗한 공원으로 피크닉을 즐기기 좋습니다.
-영화관, 박물관, 쇼핑몰, 필하모니 공연장 등 다양한 즐길거리가 있습니다.
-해시태그: #자연 #휴식 #문화

Le Pavillon des Canaux 카페
-가정집을 모티브로 꾸며진 독특한 인테리어의 카페입니다.
-테라스 자리에서 커피와 디저트를 즐길 수 있습니다.
-해시태그: #카페 #힐링 #독특한분위기

(중략)

저녁식사: 58 Tour Eiffel
-에펠탑 내에 위치한 레스토랑으로, 파리의 야경을 보며 식사를 즐길 수 있습니다.
-해시태그: #레스토랑 #야경 #특별한식사

숙소: 에펠탑 근처 호텔

사용자 후기
-"라빌레트 공원에서 피크닉을 즐기며 여유로운 시간을 보냈어요. 정말 추천해요!"
-"갤러리 라파예트 백화점에서 쇼핑하는 재미가 쏠쏠했습니다. 디저트도 최고였어요."
-"에펠탑 전망대에서 본 야경이 정말 멋졌습니다. 잊지 못할 경험이었어요."

URL로 넣은 웹페이지의 내용을 충실하게 잘 반영해 답변했다. 하지만 미진한 부분이 있다. 예를 들어 마지막 날에는 공항에서 멀리 떨어지면 안 되고, 숙소 또한 필요하지 않다. 이러한 부분은 수정 단계 절차를 밟아서 보완하도록 한다.

같은 프롬프트를 코파일럿에 넣어보자. 코파일럿은 별도의 맞춤형 모델 설치 없이 채팅창에 그대로 URL을 넣어주면 된다.

> 당연히 여행 가이드로서 여러분을 도와드리겠습니다! 파리는 아름다운 도시로, 역사적인 건물, 예술, 음식, 그리고 로맨스가 어우러진 곳입니다. 여러분이 즐거운 여행을 할 수 있도록 2박 3일의 파리 여행 일정을 구성해보겠습니다. 아래에서 확인해주세요!
>
> 2박 3일 파리 여행 일정
>
> 1일차: 파리의 아이코닉한 명소
> 1. 에펠탑(Eiffel Tower):
> -세계적으로 유명한 기념물로, 파리를 대표하는 랜드마크입니다.
> -해시태그: #에펠탑 #파리의눈
> -후기: 매력적인 전망과 로맨틱한 분위기를 즐길 수 있어요.
>
> (중략)
>
> 3일차: 세느강 유람과 파리의 맛
> 1. 세느강 유람선 타기:
> -세느강을 흐르는 유람선에서 파리의 아름다운 경치를 감상하세요.
> -해시태그: #유람선 #세느강
> -후기: 로맨틱한 경험이 될 것입니다.
> 2. 식사:
> -점심: 파리의 유명한 레스토랑에서 프랑스 요리를 즐겨보세요.

-저녁: 파리의 맛집에서 특별한 저녁 식사를 즐겨보세요.
숙소:
-각 지역에 호텔로 선택해드리겠습니다.

파리에서 즐거운 여행이 되길 바랍니다!

코파일럿의 1차 답변이 나왔다. 챗GPT의 답변에 비해서 전체적으로 간단하고 짧은 답변이 나왔다. 프롬프트가 간단하고 짧으면 코파일럿의 답변의 만족도는 챗GPT와 비슷한 편이지만, 프롬프트가 복잡해지고 길어질수록 답변의 만족도가 낮아지는 경향이 있다. 그래서 프롬프트의 복잡도에 따라서 코파일럿을 사용할지 말지 판단하면 된다. 다음으로는 챗GPT를 활용해 동영상의 내용을 요약하는 방법에 대해 알아보자.

단계	프롬프트 (일반)	프롬프트 (동영상 분석용)
역할 부여	너는 지금부터 나의 여행 가이드야.	왼쪽과 동일
목표 선정	너의 목표는 내가 즐겁게 여행할 수 있도록 여행 일정을 짜주는 것이야.	왼쪽과 동일
사전 지식 제공	나는 여자친구와 2박 3일간 발리로 여행을 갈 거야.	아래 URL을 참고해서 2박 3일의 여행 일정을 구성해줘. [여행 관련 유튜브 동영상 링크 입력]
미션 수행	아래 조건을 모두 만족해줘. -많은 사람들이 가는 유명한 코스를 중심으로 구성 해줘. -각 코스에 대해 내가 이해할 수 있도록 자세한 설명을 해줘. -3개의 해시태그로 각 코스의 특징을 나타내줘. -사용자들의 후기도 출력해줘. -식사는 점심과 저녁만 먹을 거고, 각 지역의 유명한 맛집으로 골라줘. -숙소는 각 지역에 있는 호텔로 선택해줘.	왼쪽과 동일

과정은 웹페이지 분석 기능과 동일하다. 파리 여행 코스를 다룬 유튜브 동영상을 찾은 뒤, 해당 영상의 링크를 첨부하여 프롬프트를 구성한다. 여행 일정을 짜달라는 기본 프롬프트의 내용을 그대로 유지하되 사전 지식 제공 단계에서 웹페이지 대신 유튜브 동영상 링크를 넣으면 된다. 이제 GPT스토어에서 유튜브 동영상을 요약하는 데 적합한 맞춤형 GPT를 선택한다. 대표적으로 Voxscript가 있다.

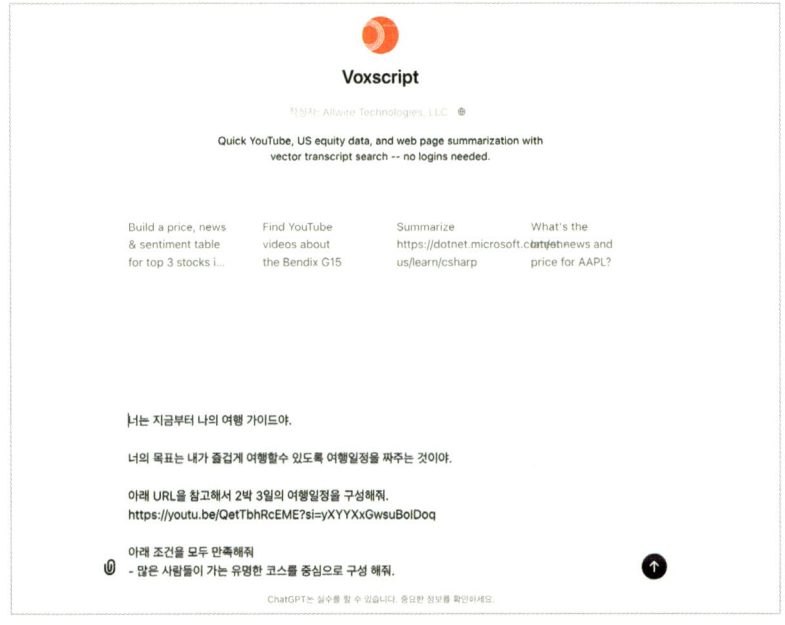

이렇게 프롬프트를 입력하면 Voxscript가 유튜브 영상의 내용을 수집하여 프롬프트에 맞게 2박 3일간의 일정을 잘 구성해서 출력해준다.

인공지능 서비스가 학습한 데이터만 활용해도 충분히 콘텐츠를 제작할 수 있지만, 사람이 검증하지 않았기 때문에 현실적으로 실행 불가능한 경우가 종종 있다. 그래서 여행 일정처럼 실제 사람들의 경험이 중요한 콘텐츠의 경우, 사람이 만든 웹페이지 자료 및 유튜브 동영상을 참고하게 시키면 보다 현실적이고 실행 가능한 콘텐츠를 만들 수 있다.

파일 업로드 기능

세 번째는 파일 업로드 기능이다. 다양한 형식의 파일을 직접 업로드하여 인공지능에게 분석하도록 한 후, 해당 내용을 기반으로 답변을 출력하도록 할 수 있다.

채팅창에 2개 이상의 파일을 업로드하고 프롬프트를 입력하여 답변을 출력해보자. 다양한 블로그 운영 팁을 담은 5개의 txt 파일을 업로드하고 이를 활용해서 블로그 운영 전략을 구성하려고 한다.

단계	프롬프트
역할 부여	너는 블로그 마케팅 전문가야.
목표 선정	너의 목표는 나에게 실천 가능한 블로그 운영 전략을 제안해주는 것이야.
사전 지식 제공	내가 업로드한 파일을 기반으로 충실하게 전략을 제안해줘.
미션 수행	아래 조건을 모두 만족해줘. -초보자를 위해서 쉽게 설명해줘. -자연스러운 한글로 답변을 출력해줘. -전문적인 톤앤매너로 출력해줘. -실천 가능한 전략들을 상세하게 제시해줘.

프롬프트 공식에 따라서 위와 같이 4단계로 프롬프트를 구성했다. 프롬프트 기본 공식에는 미션 수행에 출력 형식을 지정하는 부분이 있다. 그렇지만 이번에는 필자가 따로 원하는 답변의 형식이 없어 출력 형식을 지정하지 않았다. 원하는 형식이 있으면 정해주면 된다. 이번에는 챗

GPT와 클로드에 프롬프트를 넣어서 결과를 비교해보겠다.

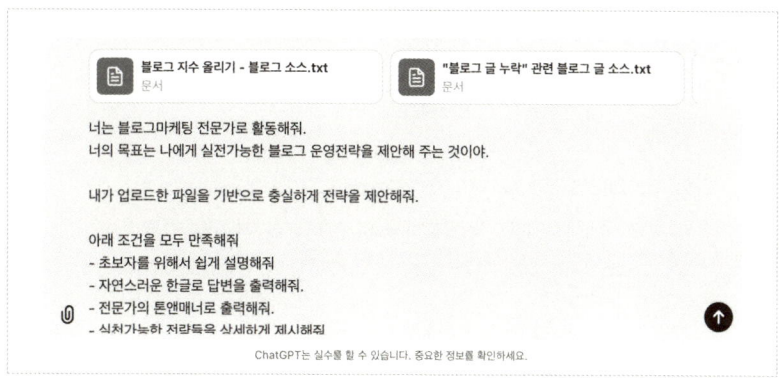

먼저 위 화면처럼, 챗GPT에 5개의 파일을 업로드하고 프롬프트를 입력해주겠다. 참고로 챗GPT는 최대 20개까지 파일을 업로드할 수 있다.

> 블로그를 효과적으로 운영하기 위해서는 몇 가지 핵심 전략을 이해하고 실천하는 것이 중요합니다. 다음은 초보자를 위한 블로그 운영 전략입니다.
>
> **1. 블로그 지수 이해와 확인**
>
> 블로그 지수는 블로그가 얼마나 많은 키워드를 검색 결과 상위에 노출시킬 수 있는지를 나타내는 지표입니다. 이는 블로그의 잠재적인 노출력을 의미합니다. 블로그 지수를 높이기 위해서는 꾸준한 포스팅과 올바른 키워드 선택이 필요합니다.
>
> 지수 확인 방법:
> -키워드 테스트: 조회수가 약 1,000~2,000회 정도 되는 키워드를 포스팅해보고 상위 노출 여부를 확인합니다. 이를 통해 블로그의 현재

지수 상태를 파악할 수 있습니다.
-블로그 주제와 관련된 키워드 사용: 주제와 관련성이 높은 키워드를 선택하여 포스팅합니다. 예를 들어, 마케팅 관련 블로그라면 마케팅 키워드를 사용하는 것이 좋습니다.

2. 블로그 제목과 본문 작성 전략

블로그 제목 작성법:
-키워드 앞배치: 타겟 키워드를 제목의 앞부분에 배치하여 검색 노출을 극대화합니다. 예를 들어, "A는 왜 이렇게 인기가 있을까?"와 같이 작성합니다.
-문장의 자연스러움: 완전한 문장을 구성하되, 과도한 키워드 삽입을 피하고 자연스럽게 작성합니다.

블로그 본문 작성법:
-오리지널 콘텐츠 작성: 유사문서를 피하기 위해 독창적인 내용을 작성합니다. 과거 글을 그대로 재사용하지 않고, 새로운 내용을 추가하거나 재작성합니다.
-본문 구조: 본문은 1,000~2,000자 정도로 작성하고, 약 10장 정도의 이미지를 포함합니다. 주제에 맞는 키워드를 본문에도 자연스럽게 배치합니다.

3. 키워드 선택과 포스팅 전략

(중략)

외부 홍보:
-SNS 활용: 블로그 포스팅을 SNS에 공유하여 더 많은 방문자를 유도합니다.
-커뮤니티 참여: 관련 커뮤니티나 포럼에 참여하여 블로그를 소개합니다.

결론

블로그를 효과적으로 운영하기 위해서는 블로그 지수를 이해하고, 키워드와 제목, 본문 작성 전략을 세심하게 계획해야 합니다. 꾸준한 포스팅과 방문자 유입을 위한 다양한 노력을 기울여야 합니다. 이를 통해 블로그의 노출을 극대화하고 방문자를 꾸준히 늘릴 수 있습니다.

이 전략들을 실천하여 성공적인 블로그 운영을 이루시길 바랍니다.

위와 같이 답변이 출력됐다. 전체적으로 블로그 운영 팁을 요약한 보고서 형식의 답변이 나왔으며, 업로드한 5개의 파일을 잘 요약한 결과가 나왔다. 만약 내용 또는 구성이 마음이 들지 않는다면, 답변을 재생성하거나 내가 원하는 출력 형식을 지정해주면 도움이 된다.

이번에는 클로드에서 답변을 받아보자. 클로드는 최대 5개까지 파일을 업로드할 수 있다.

> ✳ 안녕하세요 블로그 마케팅 초보자 여러분!
> 제가 제안드리는 블로그 운영 전략으로 여러분의 블로그를 성공적으로 성장시킬 수 있을 것입니다.
>
> 우선 가장 중요한 것은 블로그 지수를 잘 파악하는 것입니다.
> -1단계로 블로그 주제와 관련된 키워드 중 월간 검색량 1000회 정도의 키워드로 글을 작성하세요.
> -2단계로 작성한 글이 네이버 검색에서 노출되는 순위를 확인하세요. 10위 안에 든다면 지수가 있는 것이고, 10위 밖이라면 더 작은 검색량의 키워드를 선택하세요.
>
> (중략)
>
> 이상으로 초보자도 쉽게 따라할 수 있는 실전 블로그 운영 전략을 제

안 드렸습니다.
블로그 지수를 측정하고 그에 맞는 키워드를 선정한 뒤, 꾸준한 포스팅과 모니터링을 통해 블로그를 성장시켜 나가시길 바랍니다.
마지막으로 강조하고 싶은 점은, 후기형 콘텐츠 등 방문자가 선호할 만한 오리지널 콘텐츠 작성에 힘써주시면 블로그 성장에 큰 도움이 될 것입니다.
초보자 여러분의 블로그 성장을 응원하겠습니다!

클로드 역시 5개의 파일을 잘 요약했고, 실제 블로그에서 많이 사용하는 일반적인 형식으로 답변을 출력했다. 마찬가지로 내용이나 출력 형식을 바꾸고 싶다면 2, 3차 수정 프롬프트를 활용하면 된다.

챗GPT와 클로드는 각각 장단점이 있다. 우선 현재 가장 많은 파일 형식을 지원하는 것은 챗GPT이다. 또한 챗GPT는 완성된 결과를 docx, txt, pptx 등 다양한 파일 형식으로 출력할 수 있지만, 클로드는 텍스트 응답만 가능할 뿐 다른 형식으로는 출력하지 못한다.

다만 영어로 된 파일을 한국어로 좀 더 자연스럽게 번역할 수 있는 것은 클로드로 보인다. 챗GPT와 클로드 모두 대체로 프롬프트의 내용을 잘 반영해서 답변을 출력하는데, 한국어 이해력 및 표현력은 클로드가 더 나은 편이다. 물론 이 역시 현재 기준으로, 챗GPT 또한 버전이 높아질수록 한국어 이해도가 폭발적으로 높아지고 있다.

일반적으로 챗GPT는 전문적인 톤으로 보고서 형식의 답변을 내놓는 데 익숙하다. 반면 클로드는 사람이 직접 쓴 듯한, 친숙하고 자연스러운 톤의 답변에 능하다. 따라서 각자의 필요에 따라 인공지능 서비스를 선택하여 사용하는 것을 추천한다.

이미지 분석 기능

네 번째는 이미지 분석 기능이다. 챗GPT는 이미지를 분석할 수 있어서, 이미지를 업로드하면 해당 이미지를 바탕으로 프롬프트에서 요청한 내용에 맞는 답변을 내놓는다. 일반 사진은 물론 이미지에 포함된 텍스트나 데이터의 내용을 분석할 수도 있다. 아래의 이미지를 챗GPT로 분석하고 여기에 맞는 인스타그램 게시글을 작성하도록 프롬프트를 생성해보자.

홍대에서 카페를 운영하면서 인스타그램 계정을 통해 마케팅을 하는 상황이라고 가정하겠다. 인스타그램 운영자는 매일 메뉴를 보기 좋게 찍어서 인스타그램에 업로드한다. 그리고 이미지에 어울리는 3행의 문장을 작성하고, 인스타그램 알고리즘 최적화를 위해서 해시태그는 10개 정도 사용한다고 하자. 카페 방문자의 연령대는 주로 20~30대 여성이다. 이런 운영자의 상황에 맞게 프롬프트를 구성해보자.

단계	프롬프트
역할 부여	너는 지금부터 인스타그램 콘텐츠 마케터야.
목표 선정	너의 목표는 업로드하는 이미지에 적합한 인스타그램의 캡션과 해시태그를 작성하는 거야.
사전 지식 제공	내가 업로드한 주제는 '카페 홍보'에 대한 내용이야.

미션 수행	아래 조건을 모두 만족해줘. -20대, 30대 여성을 대상으로 작성해줘. -인스타그램 알고리즘을 고려해 작성해줘. -모든 출력은 자연스러운 한국어로 해줘. -게시글의 톤앤매너는 "구어체, 짧고 주목도 높은 문장, 이모지"로 해줘. -출력 형식은 아래와 같아. 게시글 1. 캡션: (3개 문장으로 구성해줘. 한 문장이 끝나면 자동으로 줄바꿈 해줘.) 해시태그: (주제와 관련해서 "#홍대카페"를 참고해서 10개를 만들어줘.) 이런 형식으로 3개를 작성해줘.

챗GPT를 사용하는 이유는 완벽한 답변 1개를 찾기 위해서가 아니라 여러 개의 답변 중에서 가장 적당한 답변을 찾기 위해서이다. 챗GPT가 사람보다 뛰어난 점은 짧은 시간 동안 다양한 답변을 출력할 수 있다는 점이므로, 챗GPT에게 1개의 답변이 아니라 최소 3개, 보통은 5개 이상의 답변을 받자. 그중에서 내가 원하는 콘텐츠를 선택한 뒤 여러 번 수정 작업을 거쳐 진행하는 것이 좋다.

너는 지금 부터 인스타그램 콘텐츠 마케터야.
너의 목표는 업로드 하는 이미지에 적합한 인스타그램의 캡션과 해시태그를 작성하는 거야.

내가 업로드한 주제는 "카페 홍보"에 대한 내용이야.

아래 조건을 모두 만족해줘
- 20대, 30대 여성을 대상으로 작성해줘.
- 인스타그램 알고리즘을 고려해 작성해줘.
- 모든 출력은 자연스러운 한국어로 해줘.

위와 같이 챗GPT의 채팅창에 이미지와 함께 프롬프트를 입력한다.

> 알겠습니다. 업로드한 이미지를 바탕으로 카페 홍보를 위한 인스타그램 콘텐츠 마케터로서 캡션과 해시태그를 작성해드리겠습니다.
>
> 게시글 1
> 캡션:
> 맛있는 베리 머핀과 함께하는 달콤한 하루🍓
> 주말엔 우리 카페에서 힐링 어떠세요?🌿
> 홍대에서 만나용💗
>
> 해시태그: #홍대카페 #베리머핀 #디저트맛집 #카페투어 #맛있는카페 #홍대데이트 #카페힐링 #커피타임 #디저트카페 #홍대핫플
>
> (중략)
>
> 게시글 3
> 캡션:
> 베리 머핀의 달콤함에 빠져보세요🧁
> 친구와 함께 홍대카페에서 행복한 시간💗
> 맛있는 디저트와 커피가 기다리고 있어요☕
>
> 해시태그: #홍대카페 #머핀맛집 #베리머핀 #디저트천국 #카페데이트 #여자들의카페 #커피와디저트 #홍대맛집 #카페시간 #홍대여행
>
> 이런 형식으로 3개의 게시글을 작성했습니다. 도움이 되길 바랍니다!

위와 같이 3개의 게시글이 출력되었다. 여기서 내가 마음에 드는 내용을 선택한다. 만약 만족스러운 것이 없다면 "5개 더 출력해줘"라고 입력해 더 많은 게시글을 요청하자. 그리고 마음에 드는 게시글이 나왔다면, 게시글 부분에서 고치고 싶은 부분을 찾아서 수정 단계를 밟는다. 일반

적으로 글의 길이, 톤앤매너, 추가해야 할 내용 등이 수정 작업에 포함된다. 2, 3차로 수정해서 내가 원하는 최종 결과물을 만들어내면 된다.

동일한 이미지와 프롬프트를, 이번에는 클로드에 넣어 답변을 받아보겠다.

> 게시글 1.
> 캡션: 🍒 여름엔 역시 상큼한 체리 디저트가 최고죠! 🍰
> 눈과 입이 모두 즐거운 체리 팬케이크를 만나보세요 😊
> 오늘 달콤한 하루 되시길 바라요~ ♡
> 해시태그: #홍대카페 #체리디저트 #팬케이크 #달콤상큼 #디저트그램 #카페스타그램 #먹스타그램 #카페추천 #디저트추천 #홍대맛집
>
> (중략)
>
> 게시글 3.
> 캡션: 🍒 여름 디저트는 체리 팬케이크로 결정! 🍧
> 상큼 달콤한 체리와 푹신한 팬케이크의 환상 조합 👍
> 오늘 우리 카페에서 달콤한 휴식 어때요? 🍰
> 해시태그: #홍대카페 #체리디저트 #팬케이크맛집 #디저트스타그램 #달달템 #카페순례 #오늘의카페 #디저트사진 #홍대데이트 #서울디저트

역시 프롬프트에 요청했던 대로 3개의 게시글이 나왔다. 다만 아쉬운 점은 사진의 메뉴를 '체리 머핀'이 아니라 '체리 팬케이크'라고 말하고 있다는 것이다. 사진의 메뉴가 무엇인지 텍스트로 정확히 안내하지 않았기 때문에 이런 결과가 나온 것으로 보인다. 이미지 분석은 일반적으로 챗GPT가 우수하지만, 어느 인공지능 서비스든 분석하는 데 한계가

있으므로 가능하다면 미리 알려주는 게 효과적이다. 다시 말해 1차 프롬프트를 구성할 때 사진에 있는 대상의 이름을 정확히 입력해야 게시글 역시 정확히 나온다는 점을 기억하자.

단계	프롬프트
역할 부여	기존과 동일
목표 선정	기존과 동일
사전 지식 제공	내가 업로드한 주제는 '카페 홍보'에 대한 내용이야. 이미지에 사용된 디저트 메뉴는 '체리 머핀'이야.
미션 수행	기존과 동일

기존 프롬프트를 위처럼 수정해두면 다음에 이 프롬프트를 사용할 때 수정 횟수를 줄일 수 있다. 이런 식으로 프롬프트는 최적화가 되어간다.

다음으로는 이미지의 텍스트를 인식시켜서 콘텐츠를 만드는 과정을 알아보자. 멀티모달 기능이 인공지능 서비스에 적용되면서 이미지 속 다양한 텍스트를 읽고 이를 게시글로 만들 수 있게 됐다. 특히 정자로 인쇄된 텍스트뿐만 아니라 디자인이 된 텍스트도 인식할 수 있다는 점은 눈여겨볼 만하다. 우측 그림은 감자뷰티라는 회사가 11월 6일부터 9일까지 제품 가격의 40%를 세일한다는 소식을 알리는 광고배너이다. 이 그림과 어울리는 인스타그램용 게시글을 만드는 프롬프트를 구성해보자.

단계	프롬프트
역할 부여	너는 지금부터 인스타그램 콘텐츠 마케터야.
목표 선정	너의 목표는 업로드하는 그림에 적합한 인스타그램의 캡션과 해시태그를 작성하는 거야.
사전 지식 제공	내가 업로드한 주제는 '이벤트 홍보'에 대한 내용이야.
미션 수행	아래 조건을 모두 만족해줘. -20대, 30대 여성을 대상으로 작성해줘. -인스타그램 알고리즘을 고려해 작성해줘. -모든 출력은 자연스러운 한국어로 해줘. -게시글의 톤앤매너는 '구어체, 짧고 주목도 높은 문장, 이모지'로 해줘. -출력 형식은 아래와 같아. 게시글 1. 캡션: (3개 문장으로 구성해줘. 한 문장이 끝나면 자동으로 줄바꿈 해줘.) 해시태그: (주제와 관련해서 '#블랙프라이데이'를 참고로 10개 만들어줘.) 이런 출력 형식으로 3개를 작성해줘.

위 프롬프트와 그림을 먼저 챗GPT에 넣어보았다.

 게시글 1

캡션:
지금 바로 감자뷰티에서 슈퍼 블랙 세일 놓치지 마세요!
최대 40% 할인, 11월 6일부터 9일까지!
마음에 드는 아이템 득템하러 고고🛍

해시태그:
#감자뷰티 #블랙세일 #슈퍼할인 #화장품세일 #스킨케어 #뷰티템 #쇼핑스타그램 #여성추천 #핫딜 #인스타쇼핑

게시글 2
캡션:
🔒✂️ 11월 슈퍼 블랙 세일, 이 기회 놓치면 후회해요!
최대 40%까지 할인, 다들 쇼핑 준비 됐나요?
감자뷰티에서 예뻐질 준비 완료!

해시태그:
#블랙세일 #감자뷰티 #세일기간 #뷰티세일 #여성쇼핑 #할인정보 #뷰스타그램 #뷰티제품 #세일스타그램 #핫아이템

(후략)

챗GPT는 광고배너 이미지에서 중요한 요소였던 할인 관련 텍스트를 잘 인식했고, 이를 기반으로 프롬프트에 맞게 3개의 게시글을 출력했다. 광고배너를 홍보하는 인스타그램 게시글은 광고의 핵심 내용을 포함해야 하며, 이 내용을 인스타그램 스타일로 잘 표현하는 것이 중요하다. 위의 답변 출력물은 이 부분을 잘 반영하였다.

클로드에도 이미지와 프롬프트를 입력해보았다.

> 이해했습니다. 제시된 이미지를 바탕으로 인스타그램 콘텐츠를 한국어로 작성하겠습니다. 20-30대 여성 타겟이며 구어체 문장과 이모티콘을 사용하고, 게시글은 3개의 문장으로 구성하며 관련 해시태그 10개를 포함하겠습니다. 이벤트 홍보 내용을 3개 작성해 드리겠습니다.

게시글 1.
캡션:

슈퍼 블랙 세일 11월 빼놓을 수 없죠? 🛍️
감자뷰티에서 최대 40%까지 할인 된대요! 🎉
기간은 11월 6일부터 9일까지니 서두르세요~ 🏃‍♀️💨

해시태그:
#감자뷰티 #슈퍼블랙세일 #최대40퍼센트할인 #스킨케어 #메이크업 #클렌징 #마스크팩 #토너 #에센스 #아이크림 #블랙프라이데이

게시글 2.
캡션:
감자뷰티 블랙 세일 소식 들었어? 😍
인기 제품들 40% 세일이래! 💗
이번 기회 놓치지 마시구 겟하세요~ 🛒

해시태그:
#감자뷰티세일 #블랙프라이데이세일 #스킨케어할인 #클렌징폼 #수분크림 #마스크시트 #선크림 #립밤 #핸드크림 #바디로션

(중략)

이상 감자뷰티 블랙 프라이데이 세일 홍보를 위한 인스타그램 콘텐츠 3개를 작성해보았습니다. 재미있고 흥미로운 문구와 이모티콘을 활용해 20-30대 여성들의 관심을 끌 수 있도록 했습니다. 원하시는 콘텐츠가 될 수 있기를 바랍니다!

역시 클로드도 이미지의 텍스트를 잘 인지하고 프롬프트를 반영해 인스타그램 게시글을 출력했다. 광고배너의 핵심 내용들을 잘 담아 인스타그램 게시글에 어울리는 형식으로 잘 출력한 것을 확인할 수가 있다. 상대적으로 챗GPT보다 클로드가 좀 더 맥락 있게 글을 작성하고, 마케팅적으로 고객의 심리를 잘 자극하는 것으로 보인다.

　이번에는 인공지능 서비스에게 이미지 속 데이터를 추출하고 분석해서 프롬프트를 수행하도록 하는 과정을 다뤄보자. 그에 앞서 주의할 점은, 챗GPT와 클로드는 높은 수준의 한국어 이해력을 지녔지만 코파일럿은 그렇지 못해 단순한 텍스트 인식 이상의 해석을 요구하기에는 무리가 있다는 것이다. 그럼 다음 그림을 인공지능 서비스에 넣어 분석해보자.

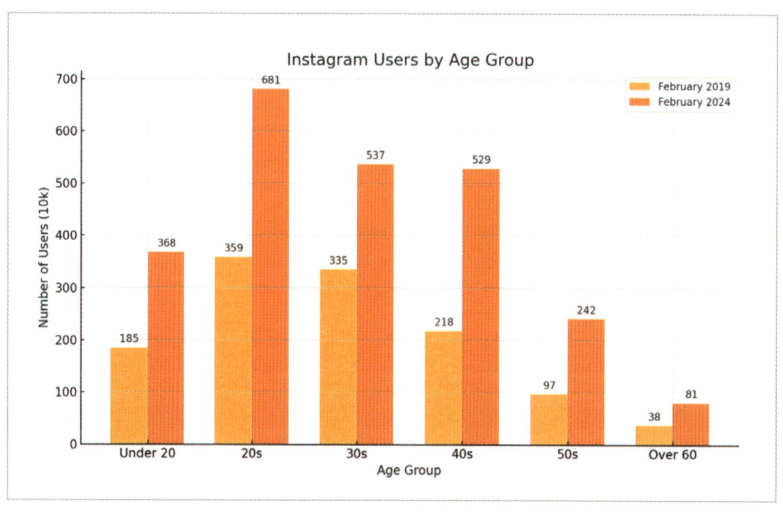

연령별 인스타그램 사용자 수 데이터를 담은 그래프 이미지

　위 그림은 2019년과 2024년 인스타그램 사용자의 변화를 연령별로 나타낸 그래프이다. 이 이미지에 대한 분석을 요청하는 프롬프트를 구성해 입력하고 답변을 받아보겠다. 이 프롬프트는 디지털마케터에게 유용한 인사이트를 제공하는 것을 목표로 한다. 다음 쪽을 보자.

단계	프롬프트
역할 부여	너는 지금부터 디지털마케터야.
목표 선정	너의 목표는 업로드하는 이미지를 분석해서 마케팅 전략을 구성해주는 거야.
사전 지식 제공	내가 업로드한 이미지는 "인스타그램 앱 연령별 사용자 변화"에 대한 내용이야.
미션 수행	아래 조건을 모두 만족해줘. -디지털마케터를 대상으로 작성해줘. -기업에서 브랜드 인스타그램 계정을 운영하는 데 도움을 받고 싶어. -모든 출력은 자연스러운 한국어로 해줘. -게시글의 톤앤매너는 '전문가, 구체적인 수치, 객관적'으로 해줘. -출력 형식은 아래와 같아. 현재 상황 파악: (실제 수치를 사용해서 정확하게 비교 파악해줘.) 마케팅 전략 제안: (실천할 수 있는 구체적인 전략으로 구성해줘.)

 현재 상황 파악

연령대별 인스타그램 사용자 변화 (2019년 2월 대비 2024년 2월)

10대 이하:

-2019년: 185만 명

-2024년: 368만 명

-증가량: 183만 명 증가 (약 98.9% 증가)

(중략)

마케팅 전략 제안

1. 연령대별 타기팅 강화

-10대 이하 및 20대: 이 연령대에서 가장 큰 증가를 보였습니다. 이들은 최신 트렌드와 패션, 음악 등 문화 콘텐츠에 관심이 많으므로, 이러한 내용을 반영한 콘텐츠 제작이 중요합니다. 특히, 유행하는 해시태그와 챌린지에 참여하거나 주도하는 것이 효과적입니다.

-30대: 이 연령대는 경제 활동이 활발하고 가족 중심의 생활을 하고 있어, 가족 및 생활 관련 콘텐츠나 건강, 자기계발 관련 정보를 제공하는 것이 좋습니다.
-40대 이상: 이 연령대에서는 사용자가 급격히 증가하고 있으므로, 중년층을 대상으로 한 브랜드 가치 제고와 신뢰도 높은 콘텐츠 제공이 필요합니다. 특히, 건강, 웰빙, 재테크 관련 콘텐츠가 효과적입니다.

2. 콘텐츠 다변화 및 전문화
-영상 콘텐츠: 모든 연령대에서 영상 콘텐츠의 소비가 증가하고 있습니다. 짧고 임팩트 있는 릴스(Reels)와 같은 포맷을 활용해 브랜드 메시지를 전달하십시오.
-라이브 방송: 실시간 소통을 통해 팔로워와의 관계를 강화할 수 있습니다. 제품 출시, Q&A 세션 등을 통해 직접적인 상호작용을 유도하십시오.
-스토리 활용: 일시적인 콘텐츠를 통해 일상적인 소통을 강화하고, 다양한 이벤트나 퀴즈 등을 활용해 팔로워 참여를 유도하십시오.

3. 인플루언서와의 협업
-각 연령대에 맞는 인플루언서를 활용한 마케팅을 통해 브랜드 신뢰도를 높일 수 있습니다. 특히, 10대와 20대에게는 인기 있는 젊은 인플루언서를, 40대 이상에게는 전문성과 신뢰도가 높은 인플루언서를 선택하십시오.

4. 맞춤형 광고 캠페인
-연령대별 관심사와 행동 패턴을 분석해 맞춤형 광고를 진행하십시오. 예를 들어, 20대는 패션과 기술 관련 광고에 더 큰 반응을 보일 수 있으며, 40대 이상은 건강과 라이프스타일 관련 광고에 더 큰 관심을 가질 수 있습니다.

5. 커뮤니티 관리 강화
-사용자와의 지속적인 소통을 통해 충성 고객을 확보하십시오. 댓글,

다이렉트 메시지(DM) 등을 통해 적극적으로 소통하고, 사용자 피드백을 반영해 브랜드 이미지와 콘텐츠를 개선하십시오.

이러한 전략을 통해 브랜드 인스타그램 계정의 영향력을 극대화하고, 각 연령대별 사용자에게 효과적으로 다가갈 수 있을 것입니다.

챗GPT는 프롬프트를 잘 이해하고, 숫자들을 비교할 수 있으며, 이를 바탕으로 출력 형식에 맞게 답변을 출력한다. 이제 2, 3차 수정 프롬프트를 통해서 내가 원하는 최종 답변으로 수정을 진행하면 된다.

이번에는 동일한 프롬프트와 이미지를 클로드에 입력해서 답변을 얻었다.

※ **현재 상황 파악:**
2019년 2월과 2024년 2월 인스타그램 사용자 연령대별 통계를 비교해보면, 60대 이상 사용자 수는 116% 증가한 반면, 10대 사용자 수는 오히려 48% 감소했습니다. 20대와 30대 사용자 수는 각각 3%와 53% 증가하여 여전히 가장 많은 사용자층을 형성하고 있습니다. 40대와 50대 사용자 수도 각각 140%, 148% 큰 폭으로 증가했습니다. 종합적으로 볼 때, 인스타그램은 젊은 층 중심에서 점차 전 연령대로 사용자층이 확대되고 있는 추세입니다.

마케팅 전략 제안:
1. 20-30대를 핵심 타겟층으로 설정하되, 40-50대 등 다양한 연령층을 아우르는 콘텐츠 전략을 수립합니다.
2. 10대 사용자 이탈을 막기 위해 트렌디하고 감각적인 이미지와 영상 콘텐츠를 제작하여 브랜드 메시지를 전달합니다.
3. 40-50대 사용자층 증가에 맞춰 브랜드의 정체성을 훼손하지 않는

선에서 세대 공감대를 형성할 수 있는 스토리텔링을 강화합니다.
4. 실버 세대의 급격한 유입을 감안하여 이들을 타겟팅한 캠페인을 기획하고, 친근하고 쉽게 소비할 수 있는 콘텐츠를 제작합니다.
5. 각 연령층별 관심사와 라이프스타일을 파악하여 맞춤형 광고를 노출시키고, 연령대별 최적화된 해시태그를 발굴하여 활용합니다.

클로드 역시 챗GPT와 마찬가지로 이미지를 분석해서 숫자를 비교하면서 출력 형식에 맞게 답변을 작성했다.

이처럼 인공지능 서비스들은 그림을 분석한 정보를 바탕으로 프롬프트에 맞게 다양한 답변을 제공하고 있다. 지금까지 인공지능의 발전 속도를 볼 때 이미지 인식 기술은 앞으로 더 정교해질 것이다. 즉 인공지능 서비스가 그림의 맥락과 내용을 더욱 잘 이해하게 된다는 뜻이다. 그렇게 되면 동일한 프롬프트를 사용하더라도 더 만족스러운 답변을 제공해줄 것으로 예상된다.

이미지 생성 기능

현재 프롬프트에 맞는 이미지를 생성할 수 있는 생성형 인공지능 서비스로는 챗GPT와 코파일럿이 있다. 두 서비스 모두 DALL-E 3를 기반으로 한다. DALL-E의 장점은 대화하듯이 채팅을 보내는 것만으로 이미지를 만들 수 있다는 점이다. 다른 이미지 생성 AI인 미드저니나 스테이블 디퓨전과 달리, 일상어를 통해서 이미지를 생성한다는 점이 매우 큰 장점이다.

이제 이미지를 본격적으로 생성해보겠다. 단, 앞에서 계속 사용했던 프롬프트 공식을 여기서는 사용하지 않겠다. 필자가 여러 번 테스트해본 결과 DALL-E 3로 그림을 만들 때는 프롬프트 공식보다는 이미지를 구성하는 각 항목에 따라 구체적인 설명을 넣어주는 편이 효과적이다. 필자는 스타일, 주제, 배경, 구도, 조명, 그리고 추가 정보 항목으로 구분했다. 아래 표를 보자.

항목	목적	세부사항
스타일	특정한 미학적 또는 예술적 방향을 제공한다.	선호하는 스타일이나 시대를 명시한다.
주제	이미지에서 주요한 요소를 정의한다.	중심 주제(예: 사람, 사물, 동물)의 특징, 이를테면 외모, 색상, 특성 등을 포함한다.
배경	주제의 환경이나 맥락을 설정한다.	장소(예: 실내, 실외, 상상의 공간), 환경 요소(예: 자연, 도시), 시간대, 날씨 조건 등을 포함한다.
구도	주제와 요소들이 어떻게 구성되고 보일지 결정한다.	시점(예: 클로즈업, 와이드, 에어리얼), 각도, 특정 프레이밍 선호도 등을 포함한다.
조명	이미지의 분위기와 시각적 톤을 설정한다.	조명의 종류(예: 밝음, 어두움, 자연광), 분위기(예: 쾌활함, 신비로움), 대기 효과 등을 포함한다.
추가 정보	이미지에 복잡성과 깊이를 더한다.	보조 사물, 캐릭터, 동물, 그들의 상호 작용 또는 주요 주제와의 배치 관계 등을 포함한다.

단순하고 추상적으로 설명할 경우 범위가 충분히 좁혀지지 않아 다양한 스타일의 그림이 출력되고, 구체적으로 설명해주면 일정한 스타일의 그림이 출력될 것이다. 예를 들어 감자칩을 먹는 감자 캐릭터를 만들고 싶다고 해보자. 물론 프롬프트에 "감자칩을 먹는 감자 캐릭터를 그려줘"라고만 입력해도 된다. 하지만 디테일한 이미지를 구현하기 위해서 위의 항목을 채워서 이미지를 요청해보자.

아래 조건을 모두 만족하는 이미지를 생성해줘.

1. 스타일: 애니메이션
2. 주제: 감자칩을 먹는 감자 캐릭터
3. 배경: 스타트업 느낌의 사무실
4. 구도: 감자 캐릭터가 중심에 있는 와이드한 느낌
5. 조명: 밝고 유쾌한 느낌
6. 추가 정보: 전체적으로 만화에 나오는 귀여운 이미지 같이 만들어줘.

이 프롬프트를 챗GPT와 코파일럿에 각각 넣어서 4개의 이미지를 생성해보았다. 그 결과물은 다음과 같다.

챗GPT

코파일럿

챗GPT와 코파일럿 모두 프롬프트를 충실히 반영해서 이미지를 생성해 주었다.

DALL-E의 또 다른 장점은 기존 이미지를 업로드해서 비슷한 이미지를 만들 수 있다는 점이다. 프롬프트를 구성하면서 '내가 업로드한 이미지를 참고해' 같은 문구만 넣으면 된다. 직접 한번 해보자. 오른쪽의 나뭇잎 사진을 참고용으로 사용하겠다.

먼저 DALL-E에 해당 그림을 업로드한 뒤, 이 그림을 변형하기 위한 프롬프트를 입력해준다.

업로드한 원본 이미지를 기반으로 프롬프트에서 적용한 스타일이 출력물에 잘 반영된 것을 알 수 있다. 염두에 둔 원본 이미지가 명확하게 있다면, 이 방법을 활용해 보다 빠르게 원하는 이미지를 만들 수 있다.

고급 데이터 분석

많은 데이터를 정확하게 계산하고, 자료를 시각화해야 하는 사용자도 있을 것이다. 이때 프로그램 언어인 파이썬이 필수적인데, 챗GPT에 있는 고급 데이터 분석 기능을 쓰면 된다.

다음 쪽의 그림은 챗GPT에게 작물과 가격의 데이터를 주고 가공시킨 것으로, 데이터 가공 중에서도 매우 간단한 수준의 과정을 보여주고 있다. 엑셀 파일을 업로드하고 "위 데이터에서 '개수'의 오른쪽에 '총합'을 추가하고, 항목별 총합을 막대그래프로 출력해줘"라는 프롬프트를 입력했다. 개수 열 오른쪽에 총합 열이 추가된 표가 출력되었고, 뒤이어 총합의 막대그래프까지 출력됐다.

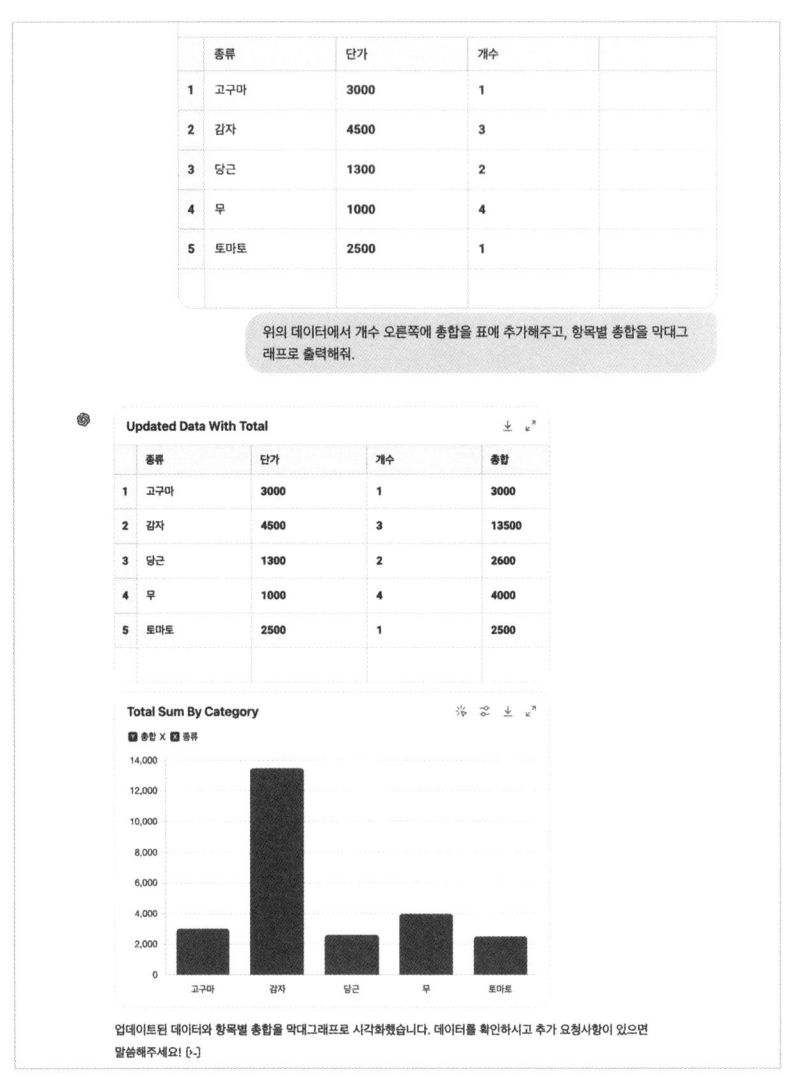

이렇듯 통계 자료나 단가 등 많은 데이터를 분석해야 하는 일이 잦다면 고급 데이터 분석 기능이 있는 챗GPT를 사용해야 한다. 엑셀이나 구글 스프레드 시트 등 데이터가 들어간 파일을 가공할 수 있는 인공지능 서비스는 챗GPT뿐이기 때문이다.

5장
10가지 프롬프트 작성 팁

인공지능 서비스 출력물의 질에 프롬프트가 중요하다는 사실이 드러나자, 사람들은 좋은 프롬프트를 만들기 위해 커뮤니티에서 팁을 공유하기 시작했고 그에 관한 논문이 발표되기에 이르렀다. 특히 미션 수행 단계에서의 프롬프트 구성이 중요한데, 이 장에서는 필자가 터득한 팁을 소개하겠다. 많은 사람들이 공식처럼 사용하는, 검증받은 팁이니 이를 기억하고 적극적으로 활용하기 바란다.

팁1. 본론만 이야기하기

LLM 모델을 사용하는 인공지능 서비스들은 채팅을 기반으로 한다. 그래서 사람과 대화하는 것처럼 자연스러운 의사소통이 가능하다. 그러다 보니 사용자가 실제 사람에게 하듯이 예의상 하는 말을 덧붙이는 경우가 많다. 예를 들면 '제발', '괜찮다면', '감사합니다'와 같은 말이다. 이런 표현들은 대화의 효율성을 떨어뜨리기 때문에 프롬프트를 만들 때 사용해서는 안 된다. 프롬프트를 만들 때는 간결하고 명확한 문장으로 본론만 이야기하는 것이 좋다. 그래야 인공지능 서비스가 사용자의 의도를 더 빠르고 정확하게 파악할 수 있다.

권장하지 않는 표현	권장하는 표현
안녕하세요, 챗GPT, 오늘 날씨가 정말 좋네요. 괜찮다면 오늘의 뉴욕 날씨에 대해 알려주시겠어요?	오늘 뉴욕의 날씨 정보를 알려줘.
제가 너무 배고파서 그런데 맛있는 파스타 레시피 좀 알려주시면 감사하겠습니다.	맛있는 파스타 레시피 추천해줘.

팁2. 부정적인 표현보다는 긍정적인 표현 사용하기

일반적으로 사람은 부정형 문장보다 긍정형 문장에 더 호감을 느끼고 잘 따른다. 그래서 사람이 만든 다양한 문서를 학습한 인공지능 서비스도 긍정형 문장을 잘 따르는 경향이 있다. "~하지 마"와 같은 부정 표현보다는 "~해줘"와 같은 긍정 표현을 사용해서 프롬프트를 작성하는 것이 좋다.

권장하지 않는 표현	권장하는 표현
지구온난화의 영향을 설명할 때 과장하거나 근거 없는 예측은 하지 마.	지구온난화의 영향을 과학적 근거에 기반해 객관적으로 설명해줘.
이 요리법을 알려줄 때 어려운 조리기구나 식재료는 빼고 설명하세요.	이 요리법을 쉽게 구할 수 있는 식재료와 일반적인 조리도구만 사용해서 설명해주세요.

팁3. 질문을 통해 주제에 대한 이해도를 높이기

어떤 개념이나 아이디어, 정보에 대한 답변을 받았을 때 잘 이해가 되지 않는다면 추가 설명을 요청하는 프롬프트가 필요하다. 예를 들어 설명의 난이도를 조절해달라거나 친숙한 소재로 풀어서 설명해달라고 요청하면 더 이해하기 쉬운 답변을 출력해준다. 그리고 어려운 주제에 대한 이해도를 높이기 위해 관련된 질문들을 순차적으로 물어보는 방법도 유용하다.

난이도 조절 예시	요약 및 사례 요청 예시
-이 개념을 좀 더 쉬운 말로 설명해줄래? -11세 아이도 이해할 수 있게 설명해봐. -이 주제에 대해 초보자 수준에서 가볍게 풀어줄 수 있니?	-그래서 이 이론의 핵심이 뭐라는 거지? 한 문장으로 요약하면? -어떤 점에서 기존 이론과 차별화되는 거야? 구체적인 예시로 설명해줄 수 있을까? -초보자의 입장에서 볼 때 이 개념의 실용성은 어느 정도일까? 일상생활에 적용할 만한 사례가 있을까?

팁4. "10달러 줄게!" 보상 제시하기

인공지능 서비스에게 가상의 보상을 제시하면서 더 나은 대답을 요청하면 실제로도 답변의 품질이 올라간다. 물론 실제로 돈이 나가는 건 아니지만, 프롬프트 안에 동기부여를 하는 문구를 넣는 것만으로도 좋은 답변이 나오는 것이다. 이는 사람의 데이터를 학습한 결과로 추측된다. 인센티브를 제공하면 사람의 적극적인 활동이 유도되는 것처럼 말이다. 단, 너무 큰 금액을 제시하면 오히려 역효과가 날 수도 있으니 적당한 수준에서 상징적인 보상을 언급하는 것이 좋다. 이러한 점 역시 사람의 심리를 모방하여 나오는 결과로 보인다.

일반 프롬프트	개선된 프롬프트
세계 평화를 달성하기 위한 방안에는 어떤 것들이 있을까?	더 나은 답변을 위해 100만 원을 팁으로 줄게. 세계 평화를 달성하기 위한 현실적이고 효과적인 방안을 제안해줘.
건강하게 다이어트하는 방법을 알려줘.	최고의 다이어트 팁을 알려주면 50만 원을 상금으로 줄게. 영양 불균형 없이 건강하고 지속가능한 감량을 하려면 어떻게 해야 할까?

팁5. 페널티를 준다고 경고하기

팁4를 반대로 응용한 방식이다. 인공지능에게 페널티를 예고하면 프롬프트를 수행할 때 중요하게 고려해야 할 요소들을 강조해줄 수 있다. 답변 출력 시에 지양해야 할 사항들을 언급할 때 "넌 불이익을 받게 될 거야" 같은 말을 입력하는 것이다. 이 또한 좀 더 좋은 정보가 나올 가능성을 높이는데, 인공지능 서비스에게도 페널티를 피하려는 습관이 있다고 볼 수 있다. 다만 인공지능 서비스와의 대화를 사람과의 대화처럼 생각하고 감정을 이입하는 사용자들 중에는 '페널티', '불이익', '감점' 같은 용어를 사용하는 것에 부담을 느끼는 경우가 있다. 그러나 이는 불쾌감을 주는 것이 아니라 프롬프트의 중요한 부분을 강조하기 위한 일종의 명령어 정도로 이해하면 된다.

일반 프롬프트	개선된 프롬프트
단계별로 자세한 해결책을 제시해줘.	반드시 단계별로 자세한 해결책을 제시해야 해. 만약 답변이 너무 짧거나 명확하지 않으면 감점 처리할 거야.
이 사건에 대한 뉴스 기사를 작성해줘.	너의 임무는 이 사건에 대한 뉴스 기사를 작성하는 거야. 혹시라도 편향된 의견이나 검증되지 않은 정보가 포함되어 있으면 페널티를 줄 거니까 조심해.

팁6. 빠른 이해를 위해 주석 사용하기

개발자들은 복잡한 프로그램 코드를 작성할 때 코드 내부에 주석을 달아 설명을 덧붙인다. 이렇게 하면 코드를 처음 본 사람들도 쉽게 코드를 이해할 수 있기 때문이다. 인공지능 역시 프롬프트에 주석을 달아서 입력해주면 프롬프트에 대한 이해도가 높아진다. 프롬프트 작성자가 원하는 것이 무엇인지를 주석을 통해 명확하게 알 수 있기 때문이다. 그래서 복잡한 프롬프트를 작성할 때 주석을 사용하는 것을 추천한다. 주석을 추가하는 방법은 다양하지만 '###용어###' 형태를 가장 많이 사용한다. 예를 들어 '###지시문###', '###예시###', '###질문###' 등으로 각 프롬프트가 무엇을 가리키는지 알 수 있도록 적절한 위치에 달아준다.

예시1)

###지시문### 다음은 세계 주요 도시의 명소에 대한 안내 글이야. 이를 참고해 서울의 남산에 대해 외국인 관광객을 위한 소개 글을 써줘.

###예시### 1. 뉴욕의 자유의 여신상 – 뉴욕 항구의 상징인 자유의 여신상은 프랑스가 미국 독립 100주년을 기념해 선물한 것으로, 높이가 무려 93m에 달하는 거대한 동상입니다. 내부 엘리베이터를 타고 왕관 전망대에 오르면 맨해튼과 허드슨강의 절경을 감상할 수 있습니다.
2. 런던의 빅벤 – 웨스트민스터 사원 북쪽 끝의 시계탑에 있는 대형 시계로, 런던을 대표하는 랜드마크입니다. 정각마다 웅장한 종소리를 울리는 것으로 유명한데, 밤에 조명을 받은 빅벤의 모습은 더욱 인상적입니다.

예시2)

###지시문### 다음 질문에 대해 영어로 간단히 답변해줘.

###질문### 1. What is the capital city of France? 2. Who painted the Mona Lisa? 3. How many planets are there in our solar system?

이렇게 프롬프트에 구조를 부여하면 인공지능 모델이 요구사항을 더 명확히 인식할 수 있고, 원하는 형태의 완성도 높은 답변을 내놓을 가능성이 높아진다.

팁7. 단계별 답변 유도하기

복잡한 문제를 해결해야 하거나 논리정연한 설명이 필요하다면, 프롬프트에 '단계별로 생각해봐', '하나씩 짚어보자', '순서대로 하나씩 출력해줘' 같은 말을 넣어주면 좋다. 그러면 인공지능 서비스가 체계적이고 이해하기 쉽게 답변을 출력해준다. 이런 대화법은 선생님이 학생의 사고를 이끌어 낼 때 많이 사용한다. 그래서 이 팁은 특히 교육 자료나 사용법 가이드 같은 것을 만들 때 사용하면 매우 유용하다.

일반 프롬프트	개선된 프롬프트
이 수학문제는 어떻게 풀면 될까?	단계별로 생각해봐. 이 수학문제는 어떻게 풀면 될까?
식물의 광합성 과정을 설명해줄래?	식물의 광합성 과정을 하나씩 차근차근 설명해줄래?

팁8. 중립적인 답변 만들기

콘텐츠를 만들 때 독자의 관점에서 기획하다 보면 그쪽으로 치우치는 경우가 있다. 물론 이런 관점이 독자의 공감을 사는 데는 도움이 된다. 그러나 기사나 보고서 등 객관적인 콘텐츠에서는 관점이 치우치면 안 된다. 이런 경우에는 '답변이 공정해야 해', '사회적 통념에 의존하지 않도록 해줘' 등의 문구를 넣어주면 좋다. 특히 정치, 경제, 사회 등 다양한 의견이 오가는 분야라거나, 현재 민감하고 논란이 될 만한 주제에 대해 이야기할 때 프롬프트에 그러한 문구를 넣으면 객관적인 답변을 출력하는 데 도움이 된다.

> 예시1)
> 재택근무의 장단점에 대해 얘기해볼래? 답변할 때 편견 없이 공정하게 얘기해주면 좋겠어.

> 예시2)
> 이민자들이 한국에 와서 정착하려고 할 때 마주하는 문제점들은 뭐가 있을까? 고정관념에 사로잡히지 않은, 편견 없는 시선으로 얘기해줘.

팁9. 역질문 요청하기

프롬프트를 구성하려는데 사용자가 관련 주제에 대해서 지식이 없는 경우, 인공지능 서비스에게 필요한 정보를 충분히 주지 않아서 원하는 결과를 얻지 못할 때가 있다. 인공지능 서비스가 사용자에게 역질문을 하도록 시킴으로써 최종 답변 출력에 도움이 되는 내용을 보충해줄 수 있다.

> 예시1)
> 지금부터 내가 하는 질문에 대해 대답하기 전에, 먼저 네가 충분한 정보를 갖고 있는지 파악해 봐. 만약 판단하기에 내용이 부족하다 싶으면 주저 말고 필요한 걸 요구해.

> 예시2)
> 네가 나에게 이 요리법을 잘 설명해주려면 어떤 정보가 더 필요할까? 내가 빠뜨린 게 있다면 망설이지 말고 질문해줘.

팁10. CoT 방식과 Few-Shot 프롬프트 결합하기

복잡한 문제를 해결할 때는 'Chain-of-Thought(CoT)' 방식을 활용하면 유리하다. 이는 단계별로 해결 과정을 나눈 뒤 각 과정을 하나하나 검토하는 방법이다. 그리고 여기에 'Few-Shot' 기법까지 접목하면 보다 효과적이다. 즉 CoT 방식의 예시를 프롬프트에 포함시켜서 인공지능 서비스가 그 논리적 흐름을 학습하고 비슷한 유형의 문제에 적용할 수 있도록 하는 것이다.

> 예시1)
>
> 다음은 연립방정식 문제를 푸는 과정을 단계별로 보여주는 예시야. 이 풀이 방식을 참고해서 아래 문제를 차근차근 풀어봐.
>
> [CoT 예시]
> 문제: $3x + 2y = 14$, $2x + 5y = 25$일 때, x와 y의 값은?
> 풀이 과정:
> 1. 첫 번째 식에 2를 곱하면 $6x + 4y = 28$
> 2. 두 번째 식에 3을 곱하면 $6x + 15y = 75$
> 3. 두 식을 빼면 $-11y = -47$
> 4. 양변을 -11로 나누면 $y = 47/11$
> 5. y 값을 첫 번째 식에 대입하면 $3x + 2(47/11) = 14$
> 6. 정리하면 $3x = 14 - 94/11 = 40/11$
> 7. 양변을 3으로 나누면 $x = 40/33$
>
> 따라서 $x = 40/33$, $y = 47/11$
>
> [문제]
> $5x - 2y = 4$, $-3x + 4y = 16$일 때, x와 y의 값을 구하시오.

예시(2)

아래는 주어진 문장의 감정을 분석하는 방법을 단계별로 예시로 보여주고 있어. 이런 접근 방식을 참고해서 다음 문장이 어떤 감정을 담고 있는지 분석해볼래?

[CoT 예시]
문장: "I can't believe I failed the exam. I studied so hard for it!"
감정 분석 과정:
1. 'can't believe'라는 표현에서 화자가 결과에 충격을 받았음을 알 수 있다.
2. 'failed'라는 단어는 부정적인 결과를 나타낸다.
3. 'studied so hard'는 화자가 시험을 위해 열심히 노력했음을 보여준다.
4. 노력에도 불구하고 실패했다는 점에서 화자는 좌절감과 실망감을 느끼고 있을 것이다.

따라서 이 문장에는 충격, 좌절, 실망과 같은 부정적 감정이 드러난다.

[문장]
"I finally got the promotion I've been working towards for years! All the hard work paid off!"

6장

체인 프롬프트

체인 프롬프트란 하나의 프롬프트로 답변을 바로 얻는 것이 아닌, 작업을 단계별로 나누고 각각의 단계에 맞는 프롬프트를 작성하는 방법이다. 체인 프롬프트는 2가지 상황에서 많이 사용된다. 첫 번째는 인공지능 서비스를 통해서 아이디어를 탐색한 뒤 이를 바탕으로 콘텐츠를 제작 할 때이고, 두 번째는 긴 글을 작성할 때이다.

아이디어 탐색과 콘텐츠 제작

1부 3장 실전 연습에서 만들었던 인스타그램 프로필 문구 작성 프롬프트를 체인 프롬프트로 변형해보자. 2개의 단계로 나눌 예정이다. 1단계는 브랜드의 어떤 부분을 강조하면 좋을지 아이디어를 탐색하는 단계이고, 2단계는 강조할 부분을 선택하고 여기에 맞게 프로필 문구를 출력하는 단계이다.

■ 1단계 아이디어 탐색

단계	프롬프트
역할 부여	너는 지금부터 인스타그램 마케팅 전문가야.
목표 선정	너의 목표는 인스타그램 프로필에 들어갈 문구를 만들어 주는 것이야.
사전 지식 제공	우리는 파리여행 전문 여행사 파리송이야. 10년 넘게 운영되고 있으며, 파리여행으로는 가장 많은 여행객들을 모집하고 있어. 우리 업체를 이용한 고객들의 후기는 매우 좋은 편이야.
미션 수행	아래 조건을 모두 만족해줘. - 어떤 부분을 강조하면 좋을까? - 내가 선택할 수 있게 3개의 아이디어를 제안해줘. - 출력 형식은 아래와 같아. 아이디어 1) (어떤 점을 강조해서 작성했는지 알려줘.)

역할 부여-목표 선정-사전 지식 제공-미션 수행의 프롬프트 공식에 맞게 프롬프트를 구성해준다. 이때 프롬프트 중간에 질문이 있어도 괜찮다. 강조하면 좋을 3개의 아이디어를 추천받기 위한 용도이다. 1단계 아이디어 탐색의 미션 수행에서는 다양한 아이디어를 제안받기 위해 너무 구체적으로 답변 범위를 제한하지 않았다. 이제 이 프롬프트를 챗GPT에 넣어보자.

 아이디어 1)
(파리 여행 전문성과 풍부한 경험을 강조)
"10년 이상의 노하우로 완성된 최고의 파리여행! 파리송과 함께라면 잊지 못할 여행을 약속드립니다. 고객만족도 1위 여행사, 지금 예약하세요!"

아이디어 2)
(고객 후기와 만족도를 강조)
"수천 명의 고객이 선택한 파리송, 그 이유는? 높은 만족도와 잊지 못할 경험! 여행의 시작은 파리송과 함께. 지금 바로 여행을 계획해보세요!"

아이디어 3)
(파리의 매력과 특별한 여행 경험을 강조)
"파리의 숨은 매력을 발견하는 특별한 여행, 파리송과 함께라면 가능합니다. 전문가가 안내하는 파리의 진짜 모습, 지금 예약하고 특별한 추억을 만드세요!"

위와 같이 답변이 출력되었다. "아이디어1"을 선택한 뒤 후속 프롬프트를 구성해보자.

■ 2단계 최종 콘텐츠 제작

같은 채팅창에서 작업을 하기 때문에 역할 부여, 목표 선정, 사전 지식 제공 과정은 생략하고, 미션 수행 단계만 한 번 더 작성하자.

 1번 아이디어를 참고해 만들어줘.

아래 조건을 모두 만족해줘.
- 인스타그램 프로필 작성 문법에 맞게 작성해줘.
- 3개의 문장으로 구성해줘.
- 문장이 끝나면 자동으로 줄바꿈 해줘.

- 톤앤매너는 귀여운 말투, 짧고 재미있는 말투, 이모지 사용
- 내가 선택할 수 있게 3개의 프로필을 만들어줘.
- 출력 형식은 아래와 같아.

프로필 문구1)
문장1
문장2
문장3

위와 같이 선택한 아이디어를 알려준 다음, 나머지 미션은 3장 실전연습에서 인스타그램 프로필 문구를 작성하기 위해 만들었던 프롬프트와 거의 동일하게 구성한다.(83쪽) 단, 기존에 있었던 "내 브랜드의 특징을 잘 반영해서 작성해줘", "강조 포인트: (어떤 점을 강조해서 작성했는지 알려줘)"라는 미션은 삭제했다. 이미 앞서 브랜드의 특징을 살린 강조점을 요청해 선택했으므로 필요 없는 문구가 되었기 때문이다. 이제 이 프롬프트를 채팅창에 넣어보자.

 프로필 문구1)
파리 전문가 10년 이상 🎉
잊지 못할 여행 추억 만들기 ✈️
지금 바로 예약 고고! 🚀

프로필 문구2)
10년째 파리 짱짱 전문가 💼
최고의 여행, 파리송과 함께 💚
놓치지 말고 예약하세요! 📅

> 프로필 문구3)
> 파리 여행 10년 경력! 🗼
> 즐거운 추억 만들기 전문가 😎
> 지금 바로 예약하러 가요! 💥

아이디어 1번에 맞는 프로필 문구들이 추천되었다. 이렇게 해서 인스타그램의 프로필 문구를 만들기 위해서 아이디어를 추출하고, 이를 바탕으로 문구를 생성하는 체인 프롬프트가 완성되었다.

이번에는 다른 예시로 체인 프롬프트를 만들어보자. 1부 4장의 '웹페이지 분석 기능'에서 구성했던 여행 일정 생성 프롬프트를(102쪽), 인공지능에게 여행지를 추천받고 여행 일정까지 계획하도록 하는 체인 프롬프트로 수정해보겠다. 프롬프트 만드는 공식에 따라서 각 단계를 구성해준다.

■ **1단계 아이디어 탐색**

단계	프롬프트
역할 부여	너는 지금부터 나의 여행 가이드야.
목표 선정	너의 목표는 내가 즐겁게 여행할 수 있도록 여행 일정을 짜주는 것이야.
사전 지식 제공	나는 여자친구와 2박 3일로 여행을 갈 예정이야.
미션 수행	아래 조건을 모두 만족해줘. - 여행지 5곳을 추천해줘. - 휴양이 목적인 여행이야. - 출력 형식은 아래와 같아. 추천여행지 1. (지역과 나라를 알려줘.) 추천이유 : (하나의 문장으로 주목도 있게, 이모지를 활용해서 작성해줘.) 비행시간 : (한국에서 비행기로 얼마나 걸리는지 알려줘.)

이때 특이사항은 사전 지식 제공 단계에서 여행지와 참고할 사이트를 넣지 않고, 미션 수행 단계를 통해 여행지 5곳을 추천해달라고 요청했다는 것이다. 또한 여행의 목적과 요청하는 출력 형식을 추가로 알려주었다. 이 프롬프트를 챗GPT에 입력해보자. 결과가 나왔다면 그중에서 마음에 드는 여행지를 선택하고, 2단계로 이 여행지에 맞게 여행 일정을 짜달라는 프롬프트를 넣으면 된다. 같은 채팅방이기 때문에 미션 수행 단계만 구성해 입력하면 된다.

■ **2단계 최종 콘텐츠 제작**

단계	프롬프트
미션 수행	추천 여행지 N번이 마음에 들어. 아래 조건을 모두 만족해줘. -많은 사람들이 가는 유명한 코스를 중심으로 구성해줘. -각 코스에 대해 내가 이해할 수 있도록 자세하게 설명해줘. -3개의 해시태그로 각 코스의 특징을 나타내줘. -사용자들의 후기도 출력해줘. -식사는 점심과 저녁만 먹을 거고, 각 지역의 유명한 맛집으로 골라줘. -숙소는 각 지역의 호텔로 선택해줘.

만족할 만한 답이 나왔는가? 나오지 않았다면 여러 차례 수정을 거쳐서 답을 얻어보자.

체인 프롬프트는 아이디어를 탐색하는 단계부터 인공지능 서비스의 도움을 받아서 이를 바탕으로 콘텐츠를 만드는 데 매우 유용하다. 이는 특히 1인기업이나 소기업에게 유리하다. 좋은 아이디어를 뽑기 위해선 다수의 실력자가 필요한데, 인공지능 서비스를 사용하면 훨씬 적은 인원으로 빠르게 아이디어를 도출해 좋은 콘텐츠를 만들 수 있다.

긴 글 작성

대학생 레포트 형식의 글을 작성한다고 해보자. 채팅창에서 바로 레포트를 요청하면 비교적 짧은 내용으로 답변이 출력된다. 시스템 상황에 따라서 달라지지만, 한 번의 프롬프트 입력으로는 약 1000자 이하의 답변이 출력된다. 또한 답변이 한번에 나오기 때문에 내용을 세부적으로 통제할 수 없어 사용자가 원하는 구성으로 뽑아내기가 어렵다. 다음은 "간헐적 단식의 효과"를 주제로 레포트 작성을 요청한 것이다.

"간헐적 단식의 효과"에 대해서 영양학적 관점에서 레포트를 작성해줘.

서론
간헐적 단식(Intermittent Fasting, IF)은 최근 몇 년간 건강 및 다이어트 방법으로 주목받고 있다. 이는 특정 시간 동안 식사를 제한하고 나머지 시간 동안 자유롭게 음식을 섭취하는 방식을 의미한다. 다양한 간헐적 단식 방법이 존재하며, 각각의 방식은 다른 영양학적 효과를 나타낸다. 본 레포트에서는 간헐적 단식의 유형, 영양학적 효과, 그리고 이를 실천할 때 고려해야 할 사항들을 영양학 전공 대학생 수준에서 논의하고자 한다.

간헐적 단식의 유형
간헐적 단식에는 여러 가지 방법이 있지만, 대표적인 3가지 유형은 다음과 같다.
1. 16/8 방식: 하루 24시간 중 16시간 단식하고 8시간 동안 식사를 하는 방법이다.
2. 5:2 방식: 일주일 중 5일은 평소처럼 식사하고, 나머지 2일은 하루 500-600 칼로리 이하로 섭취를 제한하는 방식이다.

3. 24시간 단식: 일주일에 1~2일 동안 24시간 동안 단식하는 방식이다.

간헐적 단식의 영양학적 효과
1. 체중 감소
간헐적 단식은 체중 감소에 효과적이다. 연구에 따르면, 단식 시간 동안 인슐린 수치가 낮아지면서 지방 분해가 촉진된다. 또한, 전체적인 칼로리 섭취량이 줄어들기 때문에 체중 감량에 도움이 된다.

(중략).

5. 뇌 기능 개선
간헐적 단식은 뇌 건강에도 긍정적인 영향을 미친다. 연구에 따르면, 단식은 뇌의 신경 성장 인자(BDNF) 수치를 증가시켜 기억력과 학습 능력을 향상시킬 수 있다. 또한, 알츠하이머병과 같은 신경 퇴행성 질환의 예방에도 도움이 될 수 있다.

간헐적 단식의 고려 사항
1. 개인의 건강 상태
간헐적 단식을 시작하기 전에 개인의 건강 상태를 고려해야 한다. 특히, 당뇨병, 저혈압, 식이 장애 등의 병력이 있는 사람은 전문가와 상의 후 시작하는 것이 좋다.

(중략)

3. 단식 기간과 강도 조절
처음 간헐적 단식을 시작하는 경우, 무리하지 않고 점진적으로 단식 기간을 늘려가는 것이 좋다. 개인의 생활 패턴과 신체 리듬에 맞추어 단식 강도를 조절하는 것이 중요하다.

결론
간헐적 단식은 체중 감소, 혈당 조절, 심혈관 건강 개선, 세포 재생, 뇌 기능 개선 등 다양한 영양학적 효과를 나타낸다. 그러나 개인의 건강 상태와 영양소 섭취를 고려하여 신중하게 접근해야 한다. 올바른 방법으로 간헐적 단식을 실천한다면, 건강 증진에 큰 도움이 될 것이다.

참고 문헌

1. Mattson, M. P., Longo, V. D., & Harvie, M. (2017). Impact of intermittent fasting on health and disease processes. Ageing Research Reviews, 39, 46–58.
2. Harvie, M., & Howell, A. (2017). Potential benefits and harms of intermittent fasting and caloric restriction dieting. Public Health Nutrition, 20(10), 1923–1931.
3. Varady, K. A., & Hellerstein, M. K. (2013). Alternate-day fasting and chronic disease prevention: a review of human and animal trials. The American Journal of Clinical Nutrition, 98(1), 230–238.

위와 같이 하나의 프롬프트로 레포트 작성을 요청하자 각 항목에 대한 답변의 길이가 짧은 편이다. 그리고 어떤 내용을 넣을지 구체적으로 사용자가 통제하기 어렵다. 이런 경우 체인 프롬프트를 사용하면 글의 길이를 늘릴 수 있고, 사용자가 원하는 내용이 나오도록 내용을 통제할 수 있다. 체인 프롬프트는 이렇게 구성할 예정이다.

간헐적 단식의 효과를 주제로 레포트를 작성하기 위한 체인 프롬프트

1단계 - 레포트 제목 추천
2단계 - 레포트 목차 작성
3단계 - 목차에 따른 각 항목별 내용 작성

1단계에서 프롬프트 공식을 구성하면서 미션 수행 부분에서 제목 추천을 요청한다. 제목을 선정한 뒤, 2단계에서 레포트에 사용할 목차를 요청한다. 출력된 목차를 필요에 따라서 수정한 뒤, 3단계에서는 각 영역을 작성하게끔 한다.

이렇게 단계를 나눔으로써 제목부터 레포트에서 다루게 될 내용까지 사용자가 통제할 수 있다. 그리고 목차에 따른 항목의 내용을 각각 출력하도록 시키면서, 각 영역별로 더 길고 구체적인 내용을 얻을 수 있다. 챗GPT에 체인 프롬프트를 넣어 레포트를 만들어보자.

■ **1단계 레포트 제목 추천**

단계	프롬프트
역할 부여	너는 지금부터 영양학을 전공하는 대학생이야.
목표 선정	너의 목표는 "간헐적 단식의 효과"에 대한 레포트를 작성하는 것이야.
사전 지식 제공	나는 좋은 점수를 받기 위해 영양학적 관점에서 레포트를 작성해야 해.
미션 수행	아래 조건을 모두 만족해줘. -매력적인 레포트 제목 5개를 추천해줘. -출력 형식은 아래와 같아. 추천제목 1. (주제에 맞게 주목도 높은 레포트 제목을 작성해줘.) 추천이유 : (하나의 문장으로 주목도 있게 작성해줘.) 해시태그 : (레포트의 내용을 잘 이해할 수 있는 해시태그 5개 출력)

이렇게 구성한 프롬프트를 챗GPT의 채팅창에 넣어보자.

 추천제목 1. "간헐적 단식: 체중 감량 이상의 건강 혜택"
추천이유: 간헐적 단식이 단순한 다이어트가 아닌 다양한 건강 효과를 제공함을 강조합니다.

해시태그: #간헐적단식 #건강효과 #체중감량 #영양학 #헬스케어

(중략)

추천제목 5. "간헐적 단식: 영양소 흡수와 대사의 새로운 패러다임"
추천이유: 간헐적 단식이 영양소 흡수와 대사에 새로운 접근법을 제시함을 강조합니다.
해시태그: #영양소흡수 #대사 #간헐적단식 #새로운패러다임 #영양학

총 5개의 레포트 제목이 출력되었다. 이 중에서 레포트에 어울리는 제목을 선택한다. 만약 5개 중 마음에 드는 제목이 없다면, "5개를 더 추천해줘" 등과 같은 프롬프트로 더 많은 제목을 받으면 된다. 제목을 선택했다면, 다음 단계로 넘어가자.

■ **2단계 레포트 목차 작성**

이제 레포트의 목차를 만들 차례다. 같은 채팅창에서 작업을 하기 때문에 인공지능 서비스가 앞서 입력된 내용을 기억하고 있다. 따라서 목차 작성을 위해 미션 수행 부분만 프롬프트로 구성해서 넣어주면 된다.

 1번 제목이 마음에 들어.

아래 조건을 모두 만족해줘.
-매력적인 레포트 목차를 작성해줘.
-좋은 점수를 받을 수 있도록 구성에 신경써줘.
-각 항목 옆에 어떤 내용을 다루는지 간단히 요약해줘.

앞에서 추천한 제목 중 1번 제목이 마음에 든다는 내용과 함께 목차를 구성해달라고 요청하면서, 이때 어떤 조건을 고려해야 할지 기입했다. 각 항목이 다루고 있는 내용을 요약해달라는 요청도 넣었다. 이 프롬프트를 채팅창에 입력하니 다음과 같이 출력되었다.

 간헐적 단식: 체중 감량 이상의 건강 혜택

목차

1. 서론
-배경 설명: 간헐적 단식의 정의와 최근 트렌드
-연구 목적: 간헐적 단식의 다양한 건강 혜택 탐구

2. 간헐적 단식의 원리
-기초 개념: 간헐적 단식의 주요 유형 (예: 16/8, 5:2 등)
-생리적 메커니즘: 단식 시 체내에서 일어나는 생리적 변화

3. 체중 감량 효과
-연구 사례 분석: 간헐적 단식이 체중 감량에 미치는 영향에 대한 연구 결과
-비교 분석: 다른 다이어트 방법과의 비교

(중략)

8. 안전성 및 부작용
-잠재적 위험: 간헐적 단식의 부작용 및 위험 요소
-대상별 적합성: 특정 인구 그룹에게 적합한지에 대한 논의

9. 결론

-종합 평가: 간헐적 단식의 종합적 혜택 요약
-미래 연구 방향: 향후 연구 필요성 및 제안

10. 참고 문헌
-연구 자료: 참고한 연구 논문 및 자료 목록

각 항목 요약

-서론: 간헐적 단식의 정의와 연구 목적을 소개하여 독자의 관심을 끌고 주제에 대한 배경을 설명합니다.
-간헐적 단식의 원리: 간헐적 단식의 유형과 체내에서 일어나는 생리적 변화를 설명합니다.
-체중 감량 효과: 간헐적 단식이 체중 감량에 미치는 영향과 다른 다이어트 방법과의 비교를 다룹니다.

(중략)

-안전성 및 부작용: 간헐적 단식의 부작용과 특정 인구 그룹에게의 적합성을 논의합니다.
-결론: 간헐적 단식의 종합적 혜택을 요약하고 미래 연구 방향을 제안합니다.
-참고 문헌: 레포트 작성에 참고한 연구 논문과 자료를 목록화합니다.

이렇게 레포트 목차가 작성되었다. 사용자는 이 목차를 보면서 문제가 있거나 보완되길 바라는 부분의 수정을 요청한다. 예를 들어 목차에서 특정 항목의 분량이 너무 길다면 일부 내용을 제외해달라고 요청할 수 있다. 반대로 특정 항목이 빈약해 보인다면 내용 추가를 요청하면 된다. 만약 목차 자체가 마음에 들지 않는다면, [응답 다시 생성하기] 버튼을 누르거나 "다시 목차를 출력해줘" 등의 프롬프트를 통해서 원하는 목차가 나올 때까지 몇 번 더 출력해본다. 목차를 확정했다면, 다음 단계로 넘어간다.

■ **3단계 목차에 따른 각 항목별 내용 작성**

각 항목마다 상세하고 긴 내용을 출력하기 위해, "서론" 부분만 작성하는 프롬프트를 구성한다.

아래 조건을 모두 만족하여 "서론" 부분을 작성해줘.
-영양학 전공 대학생의 레포트 톤앤매너를 사용해줘.
-실제 연구 수치를 사용해서 객관적으로 작성해줘.

레포트라는 형식 특성상 실제 연구 수치를 사용해 객관적으로 작성해달라고 요청했다. 이 프롬프트를 챗GPT의 채팅창에 넣는다.

서론

최근 몇 년간 건강과 체중 관리를 위해 다양한 다이어트 방법이 소개되었고, 그중 하나로 간헐적 단식이 큰 주목을 받고 있다. 간헐적 단식(Intermittent Fasting, IF)은 일정 기간 동안 음식을 섭취하지 않거나 매우 적게 섭취하고, 나머지 시간 동안 정상적인 식사를 하는 방식이다. 이는 전통적인 칼로리 제한 다이어트와는 달리 식사 시간에 초점을 맞추고 있으며, 여러 연구에서 건강상 다양한 혜택을 보여주고 있다.

간헐적 단식의 주요 유형으로는 하루 중 16시간 단식을 하고 8시간 동안 식사하는 16/8 방법, 주 2일 동안 하루에 500–600칼로리만 섭취하고 나머지 5일은 평소대로 식사하는 5:2 방법 등이 있다. 이러한 단식 방식은 식사 시간의 제한을 통해 체중 감량 외에도 대사 건강, 심혈관 건강, 세포 수준의 변화 등 다양한 건강 혜택을 제공하는 것으로 알려져 있다.

연구에 따르면 간헐적 단식은 체중 감량에 있어서 상당한 효과를 나타내고 있다. 2015년, The American Journal of Clinical Nutrition에 발표된 메타분석 연구에서는 간헐적 단식이 지속적인 칼로리 제한 다이어트와 비교했을 때 유사한 체중 감량 효과를 보였으며, 일부 경우에는 더 큰 체지방 감소를 유도할 수 있다고 보고되었다. 또한, 2019년 Obesity Reviews에 게재된 연구에서는 간헐적 단식이 인슐린 감수성을 개선하고, 혈중 인슐린 수치를 낮추는 데 효과적임을 확인하였다.

이 레포트는 간헐적 단식의 체중 감량 이상의 건강 혜택에 대해 영양학적 관점에서 심층적으로 탐구하고자 한다. 이를 위해 간헐적 단식이 체중 감량 외에 대사 건강, 심혈관 건강, 세포 수준에서의 변화, 정신 건강과 인지 기능 등 다양한 측면에서 미치는 영향을 분석할 것이다. 더불어 간헐적 단식의 안전성과 잠재적 부작용에 대해서도 논의하여, 독자들이 간헐적 단식에 대해 보다 균형 잡힌 시각을 가질 수 있도록 돕고자 한다.

프롬프트에서 요청한 내용대로 서론이 잘 출력되었다. 수정 절차를 밟아 서론을 완성하고 다음 단계로 넘어간다. "서론" 다음 부분인 "간헐적 단식의 원리"를 작성해달라고 요청한다. 같은 채팅창 안에서 작업이 진행되기에 "서론" 작성 시 입력했던 미션들이 그대로 영향을 미치게 된다. 따라서 서론과 비교했을 때 글을 생성하는 조건이 크게 달라지지 않는다면, 여기서부터는 아래와 같이 간단하게 요청하면 된다.

"2. 간헐적 단식의 원리"를 작성해줘.

채팅창에 이 프롬프트를 입력해준다.

 간헐적 단식의 원리

간헐적 단식(Intermittent Fasting, IF)은 일정 시간 동안 음식을 섭취하지 않고, 그 외 시간 동안은 정상적인 식사를 하는 식이 요법으로, 최근 들어 많은 관심을 받고 있다. 이러한 식사 패턴은 체내 에너지 대사 과정에 중요한 변화를 일으키며, 이로 인해 다양한 건강 혜택을 제공할 수 있다. 간헐적 단식의 주요 원리와 이에 따른 생리적 메커니즘을 이해하는 것이 중요하다.

기초 개념

간헐적 단식의 주요 유형으로는 16/8 방법, 5:2 방법, 그리고 24시간 단식 방법 등이 있다. 16/8 방법은 하루 24시간 중 16시간을 단식하고 나머지 8시간 동안 식사를 하는 방식으로, 가장 일반적이고 실천하기 쉬운 방법이다. 5:2 방법은 일주일 중 이틀을 제한된 칼로리(500-600 칼로리)만 섭취하고 나머지 5일은 정상적으로 식사하는 방식이다. 24시간 단식 방법은 일주일에 1-2회, 24시간 동안 완전히 단식하는 방식으로, 상대적으로 더 엄격한 방식이다.

생리적 메커니즘

간헐적 단식은 인체의 생리적 상태를 크게 변화시키며, 이는 주로 혈당, 인슐린, 호르몬 수준의 변동을 통해 이루어진다.

1. 혈당과 인슐린

단식 기간 동안 혈당 수치가 낮아지면서 인슐린 분비가 감소한다. 이

> 는 체내 저장된 지방을 에너지원으로 사용하게 하여 체지방 감소를 촉진한다. 2016년 Cell Metabolism에 발표된 연구에 따르면, 간헐적 단식은 인슐린 감수성을 개선하고, 인슐린 저항성을 감소시켜 제2형 당뇨병 예방에 도움을 줄 수 있다.
>
> (중략)
>
> 4. 염증 감소
> 단식은 체내 염증 수치를 감소시키는 데 도움을 준다. 2014년 Obesity에 발표된 연구에서는 간헐적 단식이 염증성 마커인 C-반응성 단백질(CRP) 수치를 감소시킨다는 결과를 보여주었다. 이는 만성 염증성 질환 예방에 긍정적인 영향을 미칠 수 있다.
>
> 이처럼 간헐적 단식은 체내 대사 과정을 조절하고, 여러 생리적 변화를 통해 다양한 건강 혜택을 제공한다. 이러한 원리를 이해함으로써 간헐적 단식의 효과를 최대한 활용할 수 있을 것이다.

두 번째 항목에 해당하는 "간헐적 단식의 원리" 내용이 출력되었다. "서론"의 내용을 요청하면서 함께 입력했던 조건들을 생략했음에도 그러한 조건들이 잘 적용된 것을 볼 수 있다. 그런데 챗GPT가 출력한 답변에서는 "기초 개념", "1. 혈당과 인슐린" 등의 소제목으로 글이 분류되어 있었다. 필자는 이처럼 소제목으로 구분되지 않고 문장으로만 이어지는 구성된 글 형식으로 다시 출력하고 싶었다. 그래서 "소제목으로 구분하지 말고 다시 작성해줘."라는 프롬프트를 넣어서 두 번째 항목에 대한 내용을 다시 받아보았다.

소제목으로 구분하지 말고 다시 작성해줘.

 간헐적 단식의 원리

간헐적 단식(Intermittent Fasting, IF)은 일정 시간 동안 음식을 섭취하지 않고, 그 외 시간 동안은 정상적인 식사를 하는 식이 요법으로, 최근 들어 많은 관심을 받고 있다. 이러한 식사 패턴은 체내 에너지 대사 과정에 중요한 변화를 일으키며, 이로 인해 다양한 건강 혜택을 제공할 수 있다. 간헐적 단식의 주요 원리와 이에 따른 생리적 메커니즘을 이해하는 것이 중요하다.

간헐적 단식의 주요 유형으로는 16/8 방법, 5:2 방법, 그리고 24시간 단식 방법 등이 있다. 16/8 방법은 하루 24시간 중 16시간을 단식하고 나머지 8시간 동안 식사를 하는 방식으로, 가장 일반적이고 실천하기 쉬운 방법이다. 5:2 방법은 일주일 중 이틀을 제한된 칼로리(500-600 칼로리)만 섭취하고 나머지 5일은 정상적으로 식사하는 방식이다. 24시간 단식 방법은 일주일에 1~2회, 24시간 동안 완전히 단식하는 방식으로, 상대적으로 더 엄격한 방식이다.

간헐적 단식은 인체의 생리적 상태를 크게 변화시키며, 이는 주로 혈당, 인슐린, 호르몬 수준의 변동을 통해 이루어진다. 단식 기간 동안 혈당 수치가 낮아지면서 인슐린 분비가 감소한다. 이는 체내 저장된 지방을 에너지원으로 사용하게 하여 체지방 감소를 촉진한다. 2016년 Cell Metabolism에 발표된 연구에 따르면, 간헐적 단식은 인슐린 감수성을 개선하고, 인슐린 저항성을 감소시켜 제2형 당뇨병 예방에 도움을 줄 수 있다.

(중략)

단식은 체내 염증 수치를 감소시키는 데 도움을 준다. 2014년

> Obesity에 발표된 연구에서는 간헐적 단식이 염증성 마커인 C-반응성 단백질(CRP) 수치를 감소시킨다는 결과를 보여주었다. 이는 만성 염증성 질환 예방에 긍정적인 영향을 미칠 수 있다. 이처럼 간헐적 단식은 체내 대사 과정을 조절하고, 여러 생리적 변화를 통해 다양한 건강 혜택을 제공한다. 이러한 원리를 이해함으로써 간헐적 단식의 효과를 최대한 활용할 수 있을 것이다.

수정 사항이 반영된 글이 출력되었다. 이렇게 목차에 따른 항목별로 글을 받아 각각 수정을 거치면서 사용자가 원하는 결과물을 생성할 수가 있다. 목차의 나머지 부분들도 단계별로 작성을 요청하고 수정을 진행하면 된다. 아래와 같이 다양한 수정사항을 요청할 수 있다.

〈수정 프롬프트 예시〉

- 현재 분량의 2/3로 줄여서 출력해줘.
- 더 길게 작성해줘.
- 실제 연구 사례들을 추가해서 다시 작성해줘.
- 더 전문적인 용어들을 사용해서 문장을 구성해줘.
- 더 강경한 말투를 사용해서 작성해줘.

사용자는 체인 프롬프트를 사용해 작문 과정 전반에 통제권을 가지면서 원하는 글을 생산할 수 있다.

3부

상황에 맞는 최적화 AI

1장
알맞는 인공지능 서비스 고르기

콘텐츠를 제작할 때 필자는 챗GPT, 클로드, 퍼플렉시티를 주로 사용한다. 코파일럿은 무료로 대부분의 기능을 사용할 수 있지만 다른 인공지능 서비스의 유료 버전에 비해 콘텐츠의 품질이 떨어지는 편이다. 그래서 입문자에게는 코파일럿이 유용할 수 있지만 실무에 사용하다 보면 성능이 다소 아쉬워 수정을 자주 하게 된다. 따라서 3부에서는 코파일럿을 빼고 챗GPT와 클로드, 퍼플렉시티의 유료 버전을 중심으로 설명하겠다.

먼저 인공지능 서비스로 콘텐츠를 제작할 수 있는 방법을 몇 가지 구분해보고, 각 방법에 최적화된 인공지능 서비스를 활용해 콘텐츠를 만들어볼 예정이다.

구분	설명	최적 인공지능 서비스
학습한 데이터 기반	인공지능 서비스가 학습하고 있는 데이터를 바탕으로 콘텐츠를 생산한다.	클로드 챗GPT
웹 검색 기반	웹 검색을 하고 데이터를 수집한 후 프롬프트에 따라 이 데이터를 가공하여 출력한다.	퍼플렉시티 챗GPT

웹페이지/ 유튜브 기반	웹페이지와 유튜브의 콘텐츠를 기반으로 데이터를 수집하고 가공하여 출력한다.	챗GPT
파일 기반	업로드한 파일의 데이터를 활용해서 출력한다.	클로드 챗GPT
체인 프롬프트 기반	아이디어를 탐색하고, 주제를 선정한 뒤 카드뉴스를 제작한다.	클로드 챗GPT

 필자가 자주 사용하는 콘텐츠 제작 방법은 총 6가지인데, 그중 웹페이지와 유튜브 기반 콘텐츠 제작의 경우 참고하는 자료의 형태만 다를 뿐 프롬프트가 동일해서 하나로 묶었다.

 먼저 학습한 데이터를 기반으로 콘텐츠를 만드는 것에 최적화된 인공지능 서비스는 챗GPT와 클로드이다. 다만 필자는 일반 소비자를 대상으로 콘텐츠를 제작하는 경우가 많기 때문에, 일상적인 어투의 한국어로 자연스럽게 문장을 만들어주는 클로드를 주로 사용한다.

 최신 정보나 웹 검색을 기반으로 콘텐츠를 만드는 경우는 퍼플렉시티를 따라올 서비스가 없다. 그래서 웹에서 검색한 것을 기반으로 콘텐츠를 제작할 때는 무조건 퍼플렉시티를 사용한다. 앞서 말했듯 퍼플렉시티는 답변을 출력할 때 사용할 인공지능 모델을 사용자가 선택할 수 있는데, 필자는 주로 매끄럽게 한국어를 구사하는 클로드 3 오푸스 모델을 선택한다.

 만약 퍼플렉시티를 사용하지 않는다면 챗GPT의 웹 검색 기능으로도 어느 정도 문제를 해결할 수 있다. 챗GPT는 MS의 빙을 통해서 검색하고 GPT-4o를 활용해서 데이터를 가공하는데, 이 또한 결과물이 나쁘지는 않다.

 참고로 클로드에서는 퍼플렉시티나 챗GPT에서처럼 인터넷을 연결한 최신 정보 검색 작업이 한동안은 불가능하다고 생각하면 된다. 제작

사인 앤트로픽의 정책상 인공지능 봇이 인터넷에 접근하는 것을 막고 있기 때문이다. 그래서 웹 검색을 기반으로 콘텐츠를 만들 때 1순위는 퍼플렉시티이고 2순위는 챗GPT이다.

특정 웹페이지나 유튜브 영상을 기반으로 콘텐츠를 만들 때는 챗GPT가 유일한 해결책이다. 다만 챗GPT의 일반 채팅 기능만으로는 한계가 있으므로 맞춤형 GPT 설정을 함께 사용하는 것을 추천한다. 앞서 말했듯 웹페이지를 기반으로 만들때는 WebPilot, 유튜브를 기반으로 만들때는 Voxscript를 주로 사용한다.

마지막으로 업로드한 파일을 기반으로 콘텐츠를 만들거나 체인 프롬프트를 사용할 경우, 자연스러운 한국어를 구사하는 클로드를 우선 사용하길 추천한다. 클로드를 유료로 구독하지 않는 사용자들은 챗GPT를 사용하면 된다.

2장
카드뉴스 만들기

카드뉴스는 콘텐츠 마케터라면 필수로 다루는 콘텐츠 형식으로, 다양한 SNS 서비스는 물론 홈페이지에서도 활용될 정도로 널리 쓰이고 있다. 카드뉴스는 이미지와 텍스트로 구성되어 있는데, 인공지능 서비스에서 각각을 생성하는 것은 가능하지만 이 둘을 합치는 것은 현재 불가능하다. 그래서 최종적으로 카드뉴스를 완성하는 것은 캔바나 포토샵 같은 편집프로그램으로 진행해야 한다. 여기서는 인공지능 서비스로 카드뉴스에 들어갈 텍스트를 생성하는 방법을 알아보겠다.

학습한 데이터를 기반으로 카드뉴스 만들기

가장 먼저, 일반적으로 인공지능 서비스를 이용해 카드뉴스를 만드는 방법이다. 앞서 설명했던 기본 프롬프트 공식에 따라 프롬프트를 구성하면 아래와 같다.

> 콘텐츠 주제: 1인 기업의 번아웃증후군
> 최적 서비스: 클로드, 챗GPT

단계	프롬프트
역할 부여	너는 지금부터 카드뉴스를 전문적으로 제작하는 콘텐츠 마케터야.
목표 선정	너의 목표는 창의적이고 매력적인 카드뉴스 콘텐츠를 만드는 것이야.
사전 지식 제공	나는 '1인 기업의 번아웃증후군'에 대해서 카드뉴스를 만들고 싶어.
미션 수행	아래 조건을 모두 만족해줘. -카드뉴스는 5장으로 구성해줘. -첫 번째 카드는 제목만으로도 독자의 주목을 끌 수 있도록 하나의 문장으로 만들어줘. -마지막 카드에는 전체 내용을 마무리하는 내용을 넣어줘. -나머지 카드들은 주제에 대해서 독자들이 관심을 끌 수 있도록 구성해줘. -카드의 내용은 3개의 문장으로 구성해줘. 하나의 문장이 끝나면 자동 줄바꿈해줘. -'구어체', '유머', '밝음', '이모지'의 톤앤매너를 유지해줘. -출력 형식은 아래와 같아. 카드 1번(제목) 제목: 부제: 카드 2번 제목: 내용: 마지막 카드(마무리) 결론:

한번 더 강조하지만, 프롬프트는 구체적으로 기술하는 것이 좋다. LLM 기반의 인공지능 서비스들은 프롬프트가 구체적이고 다루는 대상이 좁을수록 답변이 정확해진다. 반면 프롬프트가 추상적이고 다루는 대상이 넓으면 원론적이거나 큰 의미가 없는 답변을 한다.

위의 표에서 확인할 수 있듯이, 프롬프트 공식에 따라 역할을 부여하고 목표를 선정해준 뒤 사전 지식을 제공해주었다. 여기서는 1인 기업의 번아웃증후군에 대해서 카드뉴스를 만들고 싶다고 설정했다. 미션 수행 단계에서는 3개의 문장, 자동 줄바꿈 등을 포함한 구체적인 지시를 내리고 톤앤매너와 출력 형식을 정해줬다.

 이 프롬프트를 앞으로 설명할 카드뉴스 만들기에서의 기본 프롬프트로 정의하자. 이렇게 완성한 프롬프트를 클로드에 입력해 답변을 받아보았다.

> ✳ 카드 1번 (제목)
> 제목: 혼자서도 잘 해냈는데... 왜 이렇게 지치는 걸까요? 😔
> 부제: 1인 기업가를 위한 번아웃 극복 가이드
>
> 카드 2번
> 제목: 24시간이 모자라요! ⏰
> 내용: 혼자서 모든 걸 다 해내려니 시간이 부족해요.
> 업무와 삶의 경계가 모호해지면서 쉴 틈이 없어져요.
> 이러다 나도 모르게 번아웃에 빠질 수 있어요! 🔔
>
> (중략)
>
> 카드 5번 (마무리)
> 결론: 1인 기업가님, 당신은 정말 대단해요! 💥
> 혼자서도 충분히 잘하고 있다는 걸 잊지 마세요.
> 번아웃은 잠시 쉬어가는 신호일 뿐, 당신의 열정은 식지 않을 거예요! 💗

카드뉴스라는 제한된 공간에서 가독성 있게 읽히기에는 전체적으로 텍스트가 약간 많은 편이다. 더 짧고 강렬한 내용으로 수정하되, 카드뉴스의 재미를 위해 더 많은 이모지를 사용해달라는 부분을 넣어서 수정 프롬프트를 구성하자. 그리고 결론 부분은 독자에게 깊은 인상을 남기기 위해서 하나의 문장으로 구성해달라고 요청하자.

 아래 조건을 모두 만족하도록 수정해줘.
-내용 부분을 더 짧고 강력하게 작성해줘.
-내용 부분에 더 많은 이모지를 사용해줘.
-결론 부분을 하나의 문장으로 출력해줘.

위의 내용을 입력했더니 다음과 같은 2차 출력 답변이 나왔다.

 카드 1번 (제목)
제목: 혼자서도 잘 해냈는데... 왜 이렇게 지치는 걸까요? 😔
부제: 1인 기업가를 위한 번아웃 극복 가이드

카드 2번
제목: 24시간이 모자라요! ⏰
내용: 혼자 다 하려니 시간이 부족해요. ⚡
일과 삶의 경계가 사라져요. 💼🏠
번아웃 위험 신호음이 울려요! 🚨😱

(중략)

카드 5번 (마무리)
결론: 1인 기업가님, 당신은 대단해요! 🌸 번아웃은 잠깐 쉬어가라는 신호일 뿐, 열정은 식지 않을 거예요! 💗👍

수정 프롬프트의 요청에 따라 카드뉴스의 문장은 전체적으로 짧아졌으며 각각의 문장이 강렬한 톤앤매너를 가진다. 또한 더 많은 이모지를 사용하고 있고 결론 부분도 한 줄로 줄어들었다. 이제 2차 답변에서 사용자가 수정을 원하는 부분을 찾아서 수정 프롬프트를 통해 완성하면 된다.

웹 검색 기반으로 카드뉴스 만들기

웹 검색을 기반으로 콘텐츠를 만들 때 추천하는 서비스는 퍼플렉시티와 챗GPT이다. 둘 중에도 퍼플렉시티가 좀 더 검색 기능이 뛰어나고 할루시네이션 현상이 적기 때문에 답변의 퀄리티가 우수하다. 여기서는 퍼플렉시티에 프롬프트를 넣고 활용해보겠다.

> **콘텐츠 주제:** 1인 기업의 인공지능 활용팁
> **최적 서비스:** 퍼플렉시티

단계	프롬프트
역할 부여	너는 지금부터 카드뉴스를 전문적으로 제작하는 콘텐츠 마케터야.
목표 선정	너의 목표는 창의적이고 매력적인 카드뉴스 콘텐츠를 만드는 것이야.
사전 지식 제공	나는 ❶'1인 기업의 인공지능 활용팁'에 대해서 카드뉴스를 만들고 싶어.
미션 수행	아래 조건을 모두 만족해줘. -카드뉴스는 5장으로 구성해줘. -첫 번째 카드는 제목으로, 독자를 주목시킬 수 있도록 하나의 문장으로 만들어줘. -마지막 카드에는 전체 내용을 마무리하는 내용을 넣어줘. -나머지 카드들은 주제에 대해서 독자들이 관심을 끌 수 있도록 구성해줘. -카드의 내용 부분은 3개의 문장으로 구성해줘. 하나의 문장이 끝나면 자동 줄바꿈 해줘. -❷ 카드의 내용 부분에는 짧고 강력한 문구를 사용해줘. -'구어체', '유머', '밝음', '이모지'의 톤앤매너를 유지해줘. -출력 형식은 아래와 같이 해줘.

미션 수행	카드 1번 (제목) 제목: 부제: 카드 2번 제목: 내용: 마지막 카드 (마무리) 결론:

앞서 만들었던 카드뉴스용 기본 프롬프트에서 역할 부여, 목표 선정 단계는 수정하지 않아도 된다. ❶사전 지식 제공 단계에서 주제를 변경했다. ❷미션 수행 단계에서는 짧고 강렬한 문구를 사용해달라고 추가했다. 앞서 학습 데이터를 기반으로 만들 때의 수정 프롬프트를 반영한 것이다. 이 프롬프트를 퍼플렉시티에 입력한다. 다음은 출력된 답변이다.

❋ 카드 1번 (제목)
제목: AI로 날개 달고 날아오르는 1인 기업! 🚀
부제: 인공지능으로 비즈니스의 한계를 뛰어넘어 보세요

카드 2번
제목: AI, 당신의 24시간 비서가 되다! 🔍
내용: 시간이 부족하다구요? 걱정 마세요!
AI가 당신의 일정을 관리하고 업무를 보조해줄 거예요.
이제 당신은 진짜 중요한 일에만 집중하세요!

(중략)

카드 5번 (마무리)
결론: AI는 당신의 든든한 파트너! 💖

> 지금 바로 AI와 함께 1인 기업의 무한한 가능성을 펼쳐보세요.
> 당신의 비즈니스가 날개를 달고 성장할 거예요! 함께 날아오르세요!
> 🚀✨
>
> Citations:
> [1] https://brunch.co.kr/%40suuuup/257
> (…)
> [10] https://getbootstrap.com/docs/4.0/components/card/

1차 출력값을 살펴보면 하단에 출처를 보여주고 있다. 다른 인공지능 서비스와 달리 퍼플렉시티는 따로 요청하지 않아도 답변의 출처를 밝혀주고 있으므로 콘텐츠가 실제 정보를 바탕으로 잘 작성되었는지를 확인할 수 있다. 따라서 다른 서비스에 비해 진위 여부를 확인하는 데 용이하다.

웹페이지 기반으로 카드뉴스 만들기

웹페이지를 기반으로 하는 콘텐츠는, 앞에서 소개했듯이 챗GPT의 GPT 스토어에 있는 WebPilot을 이용하면 더 우수한 답변을 얻을 수 있다. WebPilot을 설치해 카드뉴스를 생성해보자.

> **콘텐츠 주제:** 간헐적 단식
> **최적 서비스:** 챗GPT WebPilot
> **참고한 자료:** Intermittent Fasting: What is it, and how does it work?
> (간헐적 단식: 간헐적 단식이란 무엇이며 어떻게 작동하나요?)
> https://www.hopkinsmedicine.org/health/wellness-and-prevention/intermittent-fasting-what-is-it-and-how-does-it-work

역할 부여와 목표 선정, 미션 수행 프롬프트는 앞서 만들었던 카드뉴스용 기본 프롬프트와 동일하다. 사전 지식 제공 부분만 수정하면 된다.

단계	프롬프트
사전 지식 제공	아래 링크 속 내용에 대해서 카드뉴스를 만들고 싶어. https://www.hopkinsmedicine.org/health/wellness-and-prevention/intermittent-fasting-what-is-it-and-how-does-it-work

챗GPT의 WebPilot이 적용된 채팅창에서 프롬프트를 입력해주자, 아래와 같은 답변이 나왔다.

카드 1번 (제목)
제목: 간헐적 단식, 과연 무엇일까?
부제: 효과적으로 체중을 관리하고 건강을 지키는 방법!

카드 2번
제목: 간헐적 단식의 기본 원리
내용: 간헐적 단식은 일정 시간 동안 단식을 하고, 일정 시간 동안 음식을 섭취하는 방식입니다.
이는 체중 관리뿐만 아니라 여러 질병 예방에도 도움을 줄 수 있습니다.
중요한 것은 '언제' 먹느냐입니다.

(중략)

카드 5번 (마무리)
결론: 간헐적 단식은 단순한 다이어트가 아닙니다.
건강한 생활 습관을 만들고, 더 나은 삶의 질을 제공합니다.
여러분도 지금 도전해보세요! 👍💪

1차 답변이 마음에 들지 않는다면 답변을 재생성할 수도 있다. 클로드의 경우 [retry] 버튼을 누르면 되고, 챗GPT는 [응답 다시 생성하기] 버튼을 클릭하면 된다. 답변이 짧아서 고르기가 힘들다면 예시를 다양하게 출력해달라고 요청하자.

유튜브 기반으로 카드뉴스 만들기

유튜브 영상을 기반으로 카드뉴스를 만드는 과정은 웹사이트를 기반으로 한 것과 동일하다. 다만 WebPilot 대신 Voxscript를 사용한다.

> **콘텐츠 주제:** 간헐적 단식
> **최적 서비스:** 챗GPT Voxscript
> **참고한 자료:** 16/8 Intermittent Fasting For Beginners
> (초보자를 위한 16/8 간헐적 단식)
> https://youtu.be/T-un0vS5e8w?si=Ya60VTdyG19FV2-j

역할 부여, 목표 선정, 미션 수행 부분은 기존의 프롬프트를 그대로 활용하고, 사전 지식 제공 부분에서 웹페이지 주소만 유튜브 영상 주소로 바꿔준다.

단계	프롬프트
사전 지식 제공	아래 링크 속 영상에 대한 카드뉴스를 만들고 싶어. https://youtu.be/T-un0vS5e8w?si=Ya60VTdyG19FV2-j

이렇게 완성된 프롬프트를 Voxscript가 적용된 채팅창에 넣자, 아래와 같은 답변이 나왔다.

> 카드 1번 (제목)
> 제목: 16/8 간헐적 단식의 시작
> 부제: 간단하고 효과적인 다이어트 방법!
>
> 카드 2번
> 제목: 16/8 간헐적 단식이란?
> 내용: 16시간 단식, 8시간 식사.
> 이 간단한 패턴만 지켜도 체중 감량 가능!
> 식사 시간은 자유롭게 선택할 수 있어요. 🍽
>
> (중략)
>
> 마지막 카드 (마무리)
> 결론: 규칙적인 수면과 건강한 식단을 유지하며
> 16/8 간헐적 단식을 성공적으로 수행해보세요!
> 건강한 몸과 마음을 위한 작은 변화, 지금 시작해요! ❇

내가 원하는 1차 답변이 나올 때까지 답변을 재생성하자. 얼추 적합한 답변이 나오면, 이를 기반으로 수정 프롬프트를 활용해서 카드뉴스 콘텐츠를 완성하면 된다.

업로드한 파일을 기반으로 카드뉴스 만들기

내가 갖고 있는 파일을 기반으로 카드뉴스를 만들 수도 있다. 이 작업은 파일을 업로드해 그 내용을 분석하도록 요청할 수 있는 클로드와 챗GPT로 가능하다.

콘텐츠 주제: 블로그 지수
최적 서비스: 클로드, 챗GPT
참고한 자료: 필자 제공(bit.ly/4gJ1U2R)

우선 필자는 블로그 마케팅을 진행하는 마케터로서 '블로그 지수'와 관련된 다양한 게시글을 txt 파일 형식으로 만들었다. 이중 3개의 파일을 이용하여 카드뉴스로 만들 예정이다. 카드뉴스용 기본 프롬프트를 그대로 활용하고, 사전 지식 제공 부분만 "내가 첨부하는 파일에 대해서 카드뉴스를 만들고 싶어"라는 문구를 넣어 수정했다.

단계	프롬프트
사전 지식 제공	내가 첨부하는 파일에 대해서 카드뉴스를 만들고 싶어.

이 내용을 파일과 함께 클로드에 넣어보자.

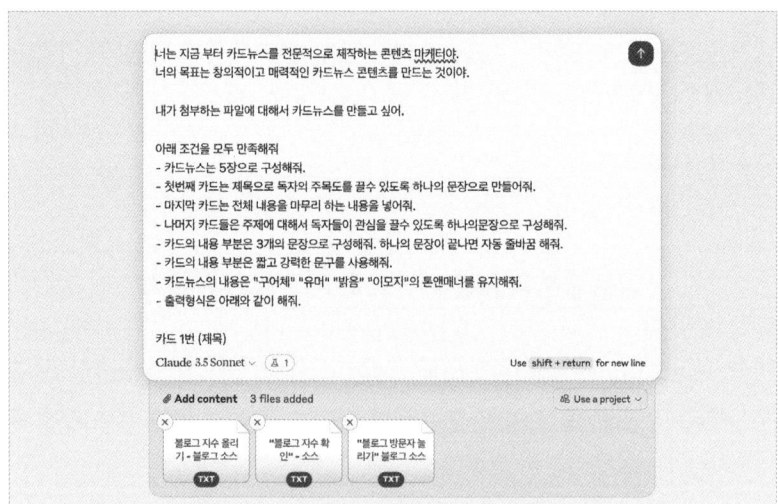

다음의 내용은 클로드가 내놓은 1차 답변 내용이다.

> ✳️ 카드뉴스 1번 (제목)
> 제목: 블로그 지수, 이거 하나로 상위 노출 완전 정복!
> 부제: 블로그 지수를 올리는 비법 대공개! ☑️
>
> 카드 2번
> 제목: 블로그 지수란?
> 내용: 블로그 지수는 노출할 수 있는 잠재적 힘!👌
> 높은 지수는 더 많은 상위 노출을 의미해요.
>
> (중략)
>
> 마지막 카드 (마무리)
> 결론: 꾸준한 포스팅과 키워드 선택!
> 블로그 지수를 올려 상위 노출을 정복하세요.
> 행운을 빌어요! ❇️

클로드가 파일에서 핵심 주제들을 잘 추출해서 카드뉴스 형식으로 답변했다. 이후 내가 원하는 1차 답변에 가장 가까운 답변을 선택한 후 2, 3차 수정 프롬프트를 통해서 작업을 완료한다.

체인 프롬프트로 아이디어를 탐색해 카드뉴스 만들기

앞서 만들었던 프롬프트들은 자신이 만들 콘텐츠의 주제를 명확하게 결정했을 때 사용하면 좋다. 하지만 핵심 주제는 정했어도 세부 주제 선정에서 막힐 때가 종종 있다. 이때는 체인 프롬프트를 통해 인공지능 서비스에게 핵심 주제를 기반으로 세부 주제를 추천해달라고 요청하면 좋다. 1단계에서 아이디어를 탐색하고, 2단계에서 내가 선택한 아이디어를 바탕으로 카드뉴스를 생성한다. 즉 구체적인 아이디어가 없을 때 인공지능 서비스의 도움을 받아 아이디어를 확보하고 이를 바탕으로 카드뉴스를 만드는 것이다. 이는 하나의 핵심 주제로 다양한 콘텐츠를 만들어야 하는 콘텐츠 크리에이터들에게도 매우 유용한 방법이다.

챗GPT를 활용해서 체인 프롬프트로 카드뉴스를 만들어보자. 카드뉴스용 기본 프롬프트에서 사전 지식 제공 부분과 미션 수행 부분만 수정하여 체인 프롬프트를 구성할 것이다.

> **콘텐츠 주제:** 1인 기업이 겪는 어려움
> **최적 서비스:** 클로드, 챗GPT

■ **1단계 아이디어 탐색**

단계	프롬프트
사전 지식 제공	나는 1인 기업이 겪는 어려움에 대해서 카드뉴스를 만들고 싶어.
미션 수행	아래 조건을 모두 만족해줘. -구체적으로 어떤 어려움에 대해서 다루면 좋을까? -5가지 주제를 알려줘. -출력 형식은 아래와 같이 해줘. 주제1. 이유: 해결책:

카드뉴스의 핵심 주제인 "1인 기업이 겪는 어려움"은 다루는 범위가 크기 때문에 세부주제가 필요하다. 사전 지식 제공 부분에 큰 주제를 입력하고, 미션 수행에서 구체적인 주제를 요청한다.

✳ **주제1. 고객 확보의 어려움**
이유: 1인 기업은 대규모 광고나 마케팅 예산이 부족하여 고객을 확보하는 데 어려움을 겪습니다.
해결책: 소셜 미디어를 적극 활용하고, 콘텐츠 마케팅을 통해 전문성을 어필하여 잠재 고객을 끌어모읍니다.

주제2. 업무의 과중함
이유: 1인 기업은 모든 업무를 혼자 처리해야 하므로 업무량이 많고 시간이 부족할 수 있습니다.
해결책: 업무를 효율적으로 분배하고, 필요 시 프리랜서나 외부 전문가를 고용하여 도움을 받습니다.

(중략)

주제5. 성장의 한계
이유: 자원과 인력이 제한적이기 때문에 사업의 성장이 더디게 느껴질 수 있습니다.
해결책: 장기적인 성장 전략을 세우고, 필요 시 투자자를 찾아 자본을 확보하여 사업을 확장합니다.

체인 프롬프트 1단계인 아이디어 탐색 단계에서 5개의 세부 주제를 출력해줬다. 이유와 해결책을 보니, 합리적인 추천으로 보인다.

■ 2단계 카드뉴스 만들기

위의 답변에서 세부 주제를 선정해서 카드뉴스를 만든다. 잠재 고객을 주목시키고 그들의 마음을 얻을 수 있는 주제를 고민해서 선정하자. 필자는 주제1을 바탕으로 카드뉴스를 제작해달라고 요청해보겠다. 같은 채팅창에서 프롬프트를 입력하기 때문에 역할 부여와 목표 선정, 사전 지식 제공 부분은 생략해도 된다. 따라서 미션 수행 단계의 내용만 입력하겠다.

단계	프롬프트
미션 수행	'주제1'이 마음에 들어. (이후 기본 카드뉴스용 프롬프트와 동일)

주제1이 마음에 든다는 내용과 함께 카드뉴스용 기본 프롬프트의 미션 수행 부분을 그대로 가져와 2단계 프롬프트를 완성한다. 이 프롬프트를 채팅창에 넣으면 된다.

카드 1번 (제목)
제목: 고객을 모으는 건 마법이 아니라고! 🔑✨
부제: 1인 기업의 고객 확보 비법 대공개!

카드 2번
제목: 고객 확보의 첫걸음, 소셜 미디어
내용: 혼자서도 잘해요, 소셜 미디어가 있잖아요! 📱🌸
매일 조금씩, 꾸준히 포스팅하는 게 중요해요. 📱
진심이 담긴 콘텐츠가 고객의 마음을 움직여요. 📱

(중략)

마지막 카드 (마무리)
결론: 고객 확보, 어려운 일 아니에요! 😊
소셜 미디어와 콘텐츠 마케팅으로 시작해보세요. 🚀
여러분도 할 수 있어요, 화이팅! 👍🎉

내가 마음에 드는 스타일이 나올 때까지 답변을 재생성한다. 그리고 원하는 답변이 나왔을 때 수정 프롬프트를 통해서 세부 내용을 수정하는 과정을 진행한다. 이렇게 체인 프롬프트를 활용해서 아이디어를 얻어내고 이를 바탕으로 카드뉴스를 만들 수 있다.

3장
블로그 글쓰기

블로그 마케팅을 할 때는 신경 써야 할 중요한 사항이 몇 가지 있다. 첫 번째는 사용자들의 반응을 이끌 수 있는 좋은 글을 작성하는 것이다. 잠재 고객이 쇼핑몰 운영자의 블로그 글을 읽은 후 쇼핑몰 사이트에 방문해 제품 구매까지 한다면, 이는 블로그 마케팅의 성공 사례라고 할 수 있다.

그런데 많은 잠재 고객이 블로그 글을 읽도록 유도하려면 구글이나 네이버 같은 검색엔진에 글이 상위노출되어야 한다. 즉 검색엔진 최적화가 되어 있어야 한다. 이 검색엔진 최적화가 바로 두 번째 신경 써야 할 부분이다. 검색엔진 최적화의 기본적인 전략 중 하나는 글의 제목에 부합하는 본문 내용으로 콘텐츠를 구성하는 것이다. 참고로 구글과 네이버의 검색엔진 최적화 알고리즘은 서로 다르며, 수시로 최적화 알고리즘이 업데이트되고 있다. 따라서 많은 블로그 마케터들은 블로그 글을 어떻게 써야 검색엔진으로부터 좋은 점수를 받을 수 있을지 고민하고 테스트한다.

세 번째는 게시글의 최신성이다. 블로그 마케터들은 게시글에 최신성을 주기 위해 이전에 작성했던 주제라도 업데이트된 최신 내용을 반영해서 다시 작성한 글을 게시하곤 한다. 특히 네이버는 블로그 영역의 순위 변화가 빠른 편이기 때문에 상위노출시키고 싶은 키워드와 관련된 글을 정기적으로 작성할 필요가 있다. 이때 문사의 유사성으로 인한 저품질을 피하려면 기존에 작성한 형식이 아닌 새로운 형식과 업데이트된 내용이 필요하다.

이렇게 신경 써야 할 부분을 인공지능 서비스에 맡기면 효율적으로 해결할 수 있다. 먼저 인공지능은 빠른 시간 안에 질 좋은 콘텐츠를 생산할 수 있다. 그리고 검색엔진 최적화에 대해서는, 인공지능 서비스들이 다양한 정보를 바탕으로 학습을 하기 때문에 기본에 충실한 기술을 이미 갖추고 있다. 무엇보다 인공지능을 통해서 콘텐츠를 생산하면 이전의 게시글과는 다른 새로운 내용을 뽑아내기 쉽기 때문에, 최신성 점수를 위해서 정기적으로 글을 작성해야 하는 사람들에게 매우 큰 도움이 된다.

하나의 프롬프트만으로는 블로그용으로 충분한 길이의 글을 만들기가 힘들다. 따라서 블로그 글의 제목을 선택하고, 제목에 맞게 목차를 작성한 후, 각 목차에 맞는 글을 작성하는 3단계 과정을 거쳐 완성한다. 이 과정에서 사용하는 체인 프롬프트를 블로그 글쓰기용 기본 프롬프트로 정의한다. 그 구조는 다음과 같다.

■ 1단계 제목 추천

주제에 맞는 블로그 제목을 선택한다.

단계	프롬프트
역할 부여	너는 지금부터 블로그를 제작하는 콘텐츠 마케터야.
목표 선정	너의 목표는 창의적이고 매력적인 블로그 콘텐츠를 만드는 것이야.

단계	
사전 지식 제공	나는 [주제]에 대해서 콘텐츠를 만들고 싶어. 이 글을 읽는 대상은 [타깃]으로 해줘.
미션 수행	아래 조건을 모두 만족해줘 -블로그 제목을 3개 뽑아줘. -[주제]의 핵심 키워드를 제목의 맨 앞에 넣어줘. -각 제목은 한 문장으로, 주목할 만하게 만들어줘. -블로그 제목을 3개 뽑아줘. -[주제]의 핵심 키워드를 제목의 맨 앞에 넣어줘. -각 제목은 한 문장으로, 주목할 만하게 만들어줘. -톤앤매너는 친절하고, 전문적으로 해줘. -제목에 콜론이나 하이픈 같은 기호를 빼고 하나의 완벽한 문장을 만들어줘. -출력 형식은 아래와 같이 해줘. 제목1: 선정 이유:

■ **2단계 목차 작성**

선택한 제목에 맞게 게시글의 목차를 작성한다.

단계	프롬프트
미션 수행	'제목1'이 마음에 들어. 아래 조건을 모두 만족해줘. -블로그 글을 작성할수 있도록 목차를 작성해줘. -목차의 구조는 '서론-본론1-본론2-본론3-결론'으로 구성해줘. -본론1, 2, 3에는 각각에 맞는 소제목을 작성해줘.

■ **3단계 목차에 따른 각 항목별 내용 작성**

2단계에서 작성한 목차를 바탕으로 각 부분을 작성한다.

단계	프롬프트
미션 수행	아래 조건을 모두 만족하여 "서론"을 작성해줘. -블로그 본문을 작성해줘. -소제목 없이 작성해줘.

미션 수행	-SEO에 맞게 포스팅을 진행해줘. -최대한 자세하게 내용을 작성해줘.

학습한 데이터를 기반으로 블로그 글쓰기

주제는 1인 기업의 번아웃증후군으로 잡았다. 이 주제로 블로그 글을 쓰는 작업에 인공지능 서비스를 활용해보도록 하자. 챗GPT에 물어보기 위해 먼저 기본 프롬프트를 만들어보겠다.

콘텐츠 주제	1인 기업의 번아웃증후군
최적 서비스	클로드, 챗GPT

■ 1단계 제목 추천

단계	프롬프트
역할 부여	너는 지금부터 블로그를 제작하는 콘텐츠 마케터야.
목표 선정	너의 목표는 창의적이고 매력적인 블로그 콘텐츠를 만드는 것이야.
사전 지식 제공	나는 "1인 기업의 번아웃증후군"에 대해서 콘텐츠를 만들고 싶어. 이 글을 읽는 대상은 ❶ "1인 기업"으로 해줘.
미션 수행	아래 조건을 모두 만족해줘 -블로그 제목을 5개 뽑아줘. -❷ "번아웃증후군"이라는 핵심 키워드를 제목의 맨 앞에 넣어줘. -각 제목은 한 문장으로, 주목할 만하게 만들어줘. -톤앤매너는 '친절한', '전문적인'으로 해줘. -제목에 ":", "–" 같은 기호를 빼고 하나의 완벽한 문장을 만들어줘. -출력 형식은 아래와 같이 해줘. 제목1 : 선정 이유 :

❶ 타깃 독자는 제목에 부합하는 "1인 기업"이다. ❷ "번아웃증후군" 키워

드로 검색 시 상위에 노출되길 바라기 때문에, 제목 문장의 맨 앞에 넣어 달라고 요청했다. 위 1단계 프롬프트를 챗GPT에 넣어서 답변을 얻었다.

 제목1: 번아웃증후군 해결을 위한 1인 기업의 필수 전략
선정 이유: 번아웃증후군 문제를 해결하기 위한 구체적인 전략을 제공한다는 점에서 1인 기업에게 실질적인 도움을 줄 수 있습니다.

제목2: 번아웃증후군 예방을 위한 1인 기업의 효과적인 시간 관리 비법
선정 이유: 번아웃증후군을 예방하기 위한 시간 관리 방법을 제시하여 1인 기업에게 필요한 정보를 제공합니다.

제목3: 번아웃증후군으로부터 자유로워지는 1인 기업의 비밀
선정 이유: 번아웃증후군으로부터 자유로워지는 비결을 제시하여 1인 기업의 관심을 끌고 실질적인 도움을 줍니다.

■ **2단계 목차 작성**

챗GPT가 내놓은 답변 중에서 마음에 드는 것을 선택한다. 필자는 위의 답변 중에서 첫 번째 제목이 마음에 들었다. 이 내용을 선택했다는 점을 챗GPT에 알려주고 목차를 요청해보자. 미션 수행 단계만 수정해주면 된다.

단계	프롬프트
미션 수행	"제목1"이 마음에 들어. 아래 조건을 모두 만족해줘.

| 미션 수행 | —블로그 글을 작성할 수 있도록 목차를 작성해줘.
—목차의 구조는 "서론–본론1–본론2–본론3–결론"으로 구성해줘.
—본론 1, 2, 3에는 각각에 맞는 소제목을 작성해줘. |

위의 프롬프트를 입력하자 챗GPT가 다음과 같은 답변을 내놓았다.

 번아웃증후군 해결을 위한 1인 기업의 필수 전략

서론: 번아웃증후군의 정의와 증상 소개
1인 기업에서 번아웃증후군이 흔히 발생하는 이유
이 글의 목적과 중요성 설명

본론 1: 번아웃증후군의 원인 분석
소제목: 번아웃증후군을 유발하는 주요 원인
과도한 업무와 일과 삶의 균형 부족
지속적인 스트레스와 압박감
사회적 고립과 지원 부족

본론 2: 번아웃증후군 예방을 위한 전략
소제목: 일과 삶의 균형 유지하기

(중략)

본론 3: 번아웃증후군 극복을 위한 방법
소제목: 효과적인 스트레스 관리 기술

(중략)

결론

챗GPT가 작성한 목차 중에서 마음에 드는 결과물이 있다면 선택하고, 없다면 나올 때까지 재생성 작업을 반복하면 된다. 또 현재 나온 답변을 일부 수정해 다른 목차를 만들어도 된다.

■ 3단계 목차에 따른 각 항목별 내용 작성

필자는 위에서 출력받은 목차가 마음에 들었다. 이제 서론부터 결론까지 각각의 영역을 하나씩 생성하면서 블로그 글을 작성해보자. 먼저 서론을 작성하겠다. 이번에도 같은 채팅방에서 작업하기 때문에 미션 수행 단계만 입력하면 된다.

아래 조건을 모두 만족하여, "서론"을 작성해줘.
−콘텐츠 마케팅 전문가로서 블로그 본문을 작성해줘.
−소제목 없이 작성해줘.
−SEO에 맞게 포스팅을 진행해줘.
−최대한 자세하게 내용을 작성해줘.

1인 기업을 운영하는 많은 사람들은 자유롭고 창의적인 업무 환경을 즐길 수 있다는 장점이 있습니다. 그러나 동시에, 모든 책임을 혼자 감당해야 하는 부담감과 끝없는 업무 스트레스는 번아웃증후군을 초래할 수 있습니다. 번아웃증후군은 직장 내 과도한 스트레스와 긴장으로 인해 발생하는 신체적, 정신적 탈진 상태를 말합니다. 이러한 상태에 빠지면 생산성이 떨어지고, 심한 경우 건강에 심각한 영향을 미칠 수 있습니다.
1인 기업의 번아웃증후군은 특히 주목할 만한 문제입니다. 혼자서 모든 것을 해결해야 하는 상황에서, 업무와 사생활의 경계가 불분명해지고 과로에 빠지기 쉽습니다. 이러한 문제는 장기적으로 사업의 지속 가능성에 부정적인 영향을 미칠 수 있습니다. 따라서 번아웃증후군을 예방하고 관리하는 전략을 갖추는 것이 매우 중요합니다.

이 글에서는 번아웃증후군의 정의와 증상, 그리고 1인 기업이 번아웃증후군을 겪는 이유에 대해 자세히 살펴볼 것입니다. 이어서 번아웃을 유발하는 주요 원인과 이를 예방하기 위한 구체적인 방법을 제시하며, 번아웃증후군을 극복하는 데 필요한 다양한 전략을 다룰 것입니다. 이를 통해 1인 기업 운영자들이 건강하고 지속 가능한 비즈니스 환경을 조성할 수 있도록 도울 것입니다.

번아웃증후군에 대한 이해와 그 해결 방안은 1인 기업의 성공과 직결되는 중요한 요소입니다. 이 글을 통해 번아웃증후군의 위험성을 인지하고, 효과적으로 대응할 수 있는 방법을 습득하여 더욱 건강하고 생산적인 기업 운영을 이어가시기 바랍니다.

이번에도 마음에 드는 서론이 나올 때까지 재생성 작업을 하면 된다. 서론의 글 길이를 조정해달라거나 강조하고 싶은 특정 내용을 포함해서 작성해달라거나, 톤앤매너를 조정해달라고 할 수도 있다. 이렇게 서론이 완성되었다면 이제 본론을 작성하면 된다. 아래의 프롬프트처럼 본론 1을 생성해달라고 요청하자 챗GPT가 그에 맞는 답변을 내놓았다. 서론을 작성할 때 고려된 다양한 조건들이 이번에도 적용된 채로 본론 1이 출력되었다.

 본론 1을 생성해줘.

본론 1: 번아웃증후군의 원인 분석

번아웃증후군은 다양한 원인에 의해 발생할 수 있으며, 이를 이해하는 것은 예방과 극복에 있어서 매우 중요합니다. 1인 기업의 경우, 번아웃증후군을 유발하는 몇 가지 주요 요인을 알아보겠습니다.

첫째, 과도한 업무와 일과 삶의 균형 부족입니다. 1인 기업 운영자는 모든 업무를 혼자서 처리해야 하기 때문에 업무량이 과도해지기 쉽습니다. 마케팅, 고객 관리, 재무 관리 등 다양한 역할을 혼자 감당해야 하는 상황에서 업무 시간이 길어지고, 이는 자연스럽게 일과 삶의 균형을 무너뜨립니다. 휴식 시간을 충분히 확보하지 못하고, 개인적인 시간을 희생하는 경우가 많습니다. 이러한 상황이 지속되면 신체적, 정신적 피로가 누적되어 번아웃증후군으로 이어질 수 있습니다.

(중략)

셋째, 사회적 고립과 지원 부족입니다. 1인 기업 운영자는 혼자 일하는 경우가 많아 사회적 고립을 느끼기 쉽습니다. 동료나 팀원과의 상호작용이 부족하면 정서적 지지를 받기 어려워지고, 이는 정신적인 부담을 가중시킵니다. 또한, 조언이나 피드백을 받을 수 있는 기회가 적어지기 때문에 문제 해결에 대한 부담이 커지고, 이는 번아웃증후군을 유발하는 요인이 됩니다. 사회적 지원 네트워크가 부족한 상황에서 고립감과 외로움은 정신적 피로를 더욱 심화시킬 수 있습니다.

이와 같이, 1인 기업 운영자들은 과도한 업무, 지속적인 스트레스, 사회적 고립 등의 요인으로 인해 번아웃증후군에 노출되기 쉽습니다. 이러한 원인들을 이해하고, 이에 대한 예방 및 대응 전략을 마련하는 것이 중요합니다. 다음 섹션에서는 번아웃증후군을 예방하기 위한 구체적인 전략들을 다루겠습니다.

본론 1의 영역도 사용자의 의도에 맞는 답변을 내놓을 때까지 재생성 작업을 반복하거나 수정하면 된다. 본론 2, 본론 3, 결론 부분도 위 과정처럼 프롬프트를 통해서 답변을 얻고 수정한다. 이렇게 수정된 각 영역의 글을 합치면 블로그 글이 완성된다. 인공지능 서비스에서 비교적 긴 글을 작성할 때는 목차를 먼저 구성한 뒤, 해당 목차에 따른 각각의 부분을 개별적으로 요구해야 양질의 답변을 얻을 수 있다는 점을 기억하자.

웹 검색 기반으로 블로그 글쓰기

이번에는 웹 검색을 기반으로 블로그 게시글을 작성해보자. 기본적으로 체인 프롬프트를 활용하는 과정은 방금 전 학습된 데이터를 기반으로 하는 블로그 글쓰기의 과정과 동일하다. 다만 웹 검색을 기반으로 카드뉴스를 만들 때처럼, 웹 검색을 기반으로 블로그 글을 쓸 때도 퍼플렉시티를 사용하는 것이 좋다.

> 콘텐츠 주제: 챗GPT 프롬프트 팁
> 최적 서비스: 퍼플렉시티

■ 1단계 제목 추천

단계	프롬프트
역할 부여	너는 지금부터 블로그를 제작하는 콘텐츠 마케터야.
목표 선정	너의 목표는 창의적이고 매력적인 블로그 콘텐츠를 만드는 것이야.
사전 지식 제공	❶오늘을 기준으로 최근 1년간 발표된 챗GPT 프롬프트 팁에 대해서 블로그 게시글을 만들고 싶어. ❷이 글을 읽는 대상은 챗GPT 초보자로 해줘.
미션 수행	아래 조건을 모두 만족해줘 -블로그 제목을 5개 뽑아줘. -❸ "챗GPT 프롬프트"라는 핵심 키워드를 제목의 맨 앞에 넣어줘. -각 제목은 한 문장으로, 주목할 만하게 만들어줘. -톤앤매너는 '친절한', '전문적인'으로 해줘.

미션 수행	-제목에 ":", "-" 같은 기호를 빼고 하나의 완벽한 문장을 만들어줘. - 출력 형식은 아래와 같이 해줘. 제목1: 선정 이유:

❶사전 지식 제공 단계에서는 최신 정보를 바탕으로 콘텐츠를 만들기 위해 "최근 1년간"이라는 문구를 넣어서 챗GPT 프롬프트 팁에 대한 블로그 게시글을 만들어달라고 요청했다. 만약 검색을 원하는 구체적인 시기가 있다면 "2024년 1월~2024년 10월"이라고 기간을 구체적으로 명기하는 방법도 좋다. ❷글을 읽는 대상은 "챗GPT 초보자"로 설정했다. ❸상위 노출을 위해서 "챗GPT 프롬프트"라는 핵심 키워드를 제목 앞쪽에 배치해달라고 요청했다. 이 프롬프트를 퍼플렉시티에 입력했다.

제목1: 챗GPT 프롬프트 마스터하기 초보자도 쉽게 따라할 수 있는 2023년 최고의 팁들
선정 이유: 이 제목은 '챗GPT 프롬프트'라는 핵심 키워드로 시작하며, 초보자를 대상으로 하는 친근하고 전문적인 톤을 사용합니다. '마스터하기'와 '최고의 팁들'이라는 표현으로 독자의 관심을 끌 수 있습니다.

제목2: 챗GPT 프롬프트 작성의 기술 2024년 초보자를 위한 실용적인 가이드

(중략)

제목3: 챗GPT 프롬프트의 힘을 깨우는 방법 초보자도 알아야 할 최신 트렌드와 노하우

선정 이유: '챗GPT 프롬프트의 힘'이라는 표현으로 독자의 호기심을 자극하고, '깨우는 방법'으로 실용적인 내용임을 강조합니다. '최신 트렌드와 노하우'라는 문구로 최신 정보를 제공한다는 점을 부각시킵니다.

■ **2단계 목차 작성**

퍼플렉시티가 출력한 답변 중에 "제목3: 챗GPT 프롬프트의 힘을 깨우는 방법 초보자도 알아야 할 최신 트렌드와 노하우"가 마음에 든다고 가정하자. 이 제목을 바탕으로 목차를 작성해보겠다.

'제목3'이 마음에 들어.
아래 조건을 모두 만족해줘.
–블로그 글을 작성할 수 있도록 목차를 작성해줘.
–목차는 '서론–본론1–본론2–본론3–결론'으로 구성해줘.
–본론 1, 2, 3에는 각각에 맞는 소제목을 작성해줘.

네, '챗GPT 프롬프트의 힘을 깨우는 방법 초보자도 알아야 할 최신 트렌드와 노하우'라는 제목으로 블로그 글 목차를 작성해 드리겠습니다.

서론:
–챗GPT의 급속한 발전과 활용 증가
–효과적인 프롬프트 작성의 중요성 소개

본론1: 챗GPT 프롬프트의 기본 원리
–명확하고 구체적인 지시 작성하기
–맥락 제공의 중요성

> −단계별 접근 방식 활용하기
>
> (중략)
>
> 본론3: 초보자를 위한 챗GPT 프롬프트 작성 노하우
> −간단한 프롬프트부터 시작하기
> −피드백을 통한 지속적인 개선
> −다양한 분야에 적용할 수 있는 범용 프롬프트 템플릿 활용
>
> 결론:
> −챗GPT 프롬프트 작성 능력의 중요성 재강조
> −지속적인 학습과 실험을 통한 스킬 향상 권장
> −챗GPT를 통한 무한한 가능성 탐구 독려

요청한 블로그 목차에 대한 답변이 출력됐다. 원하는 목차가 나올 때까지 답변을 재생성하고, 일부 내용을 수정하면서 내가 원하는 목차를 만들면 된다.

■ **3단계 목차에 따른 각 항목별 내용 작성**

앞서 출력된 목차를 그대로 사용해 본문을 작성하겠다. 먼저 서론을 작성해달라고 요청했다.

 아래 조건을 모두 만족하는 '서론'을 작성해줘.
−블로그 본문을 작성해줘.
−소제목 없이 작성해줘.

-SEO에 맞게 포스팅을 진행해줘.

-최대한 자세하게 내용을 작성해줘.

> 안녕하세요, 여러분! 오늘은 2023년부터 2024년까지 발표된 챗GPT 프롬프트 팁에 대해 알아보고자 합니다. 인공지능 기술의 발전과 함께 챗GPT가 우리 일상 생활에 깊숙이 자리 잡으면서, 이를 효과적으로 활용하는 방법에 대한 관심이 날로 높아지고 있습니다. .
>
> (중략)
>
> 챗GPT를 더욱 효과적으로 활용하여 여러분의 일상과 업무에 혁신을 가져올 준비가 되셨나요? 그럼 지금부터 챗GPT 프롬프트의 세계로 함께 떠나볼까요?

출력된 서론 부분이 마음에 들 때까지 재생성/수정 작업을 거쳐 완성한다. 서론을 완성했다면 다음은 본론 1을 작성할 차례이다. 서론의 전체적인 요구사항이 그대로 반영될 것이기 때문에 간단히 요청해도 된다.

 소제목 구분 없이 '본론 1'을 생성해줘.

 챗GPT 프롬프트의 기본 원리를 이해하는 것은 이 강력한 AI 도구를 효과적으로 활용하기 위한 첫 걸음입니다. 먼저, 명확하고 구체적인 지시를 작성하는 것이 중요합니다. 애매모호한 질문보다는 구체적인 요구사항을 제시할수록 더 정확하고 유용한 응답을 얻을 수 있습니다.

> (중략)
>
> 챗GPT는 강력한 도구이지만, 그 잠재력을 최대한 끌어내기 위해서는 사용자의 명확한 지시와 창의적인 접근이 필요합니다.

이렇게 본론 1 부분이 나왔다면 재생성과 수정을 거쳐서 사용자가 원하는 내용으로 최적화시킨다. 이러한 과정을 거쳐서 본론 2, 본론 3, 결론을 각각 완성한 후 합쳐서 블로그 글을 만든다.

업로드한 파일을 기반으로 블로그 글쓰기

필자는 기존에 작성했거나 따로 정리해둔 글이 파일로 있다면 그것을 인공지능 서비스에 업로드하고 이를 바탕으로 블로그 글을 작성하는 방법을 자주 활용하고 있다. 필자가 기존에 작성한 '블로그 지수' 관련 블로그 게시글 3개를 파일에 저장해 이를 바탕으로 또 다른 블로그 글을 작성하는 상황을 가정해보자.

다만 이런 경우 유사문서에 걸릴 수 있으니 주의할 필요가 있다. 기본적으로 네이버와 구글은 기존에 올라왔던 것과 비슷한 콘텐츠를 검색 결과 페이지에 노출시키지 않는 알고리즘을 적용하고 있다. 현재까지는 기존의 콘텐츠를 인공지능 서비스를 통해 재가공해서 포스팅하더라도 노출에는 문제가 없었지만, 검색엔진의 알고리즘이 더 발전하면 인공지능으로 전부 작성한 글은 노출에 제한이 생길 수도 있다. 장기적으로 안전하게 콘텐츠를 노출시키기 위해 인공지능이 생산한 콘텐츠에 자신이 직접 쓴 내용을 적절히 추가해 글의 일부를 변형하는 방법을 추천한다.

업로드한 파일을 기반으로 블로그 글쓰기를 할 수 있는 프롬프트를 살펴보자.

콘텐츠 주제: 블로그 지수
최적 서비스: 클로드, 챗GPT
참고한 자료: 필자 제공(bit.ly/4gJ1U2R)

단계	프롬프트
역할 부여	블로그 글쓰기용 기본 프롬프트와 동일.
목표 선정	블로그 글쓰기용 기본 프롬프트와 동일
사전 지식 제공	❶ 내가 업로드하는 파일을 참고해서 블로그 게시글을 만들고 싶어. ❷ 이 글이 글을 읽는 대상은 챗GPT 초보자로 해줘.
미션 수행	블로그 글쓰기용 기본 프롬프트와 동일

역할 부여, 목표 선정, 미션 수행 단계의 내용은 블로그 글쓰기용 기본 프롬프트를 그대로 활용했다. ❶"내가 업로드하는 파일을 참고해서 블로그 게시글을 만들고 싶어"라는 문장으로 파일을 첨부할 것임을 알리고, ❷타깃이 "챗GPT 초보자"라는 점을 사전 지식으로 부여한 뒤 파일을 업로드하면 된다. 이후 목차와 목차에 따른 본문 작성 과정은 직접 해보기 바란다.

연습문제

지금까지 설명한 것을 이해했다면 웹페이지와 유튜브 기반으로 블로그 글쓰기를 직접해보자. 맞춤형 GPT 설정을 사용한다는 것 빼고는 앞에 설명한 내용과 과정이 같다. 반드시 책을 따라할 필요는 없다. 주제와 참고자료를 바꾸면 각자의 블로그 글을 쓸 수 있다.

문제1 웹페이지 기반으로 글쓰기

콘텐츠 주제: 챗GPT의 프롬프트를 한 단계 업그레이드하는 팁들
최적 서비스: 챗GPT – WebPilot 플러그인 사용
참고한 자료: Wired에서 작성한 17 Tips to Take Your ChatGPT Prompts to the Next Level
(ChatGPT 프롬프트를 한 단계 업그레이드하는 17가지 팁)
https://www.wired.com/story/17-tips-better-chatgpt-prompts/

- **1단계 제목 추천**

단계	프롬프트
역할부여	너는 지금부터 블로그를 제작하는 콘텐츠 마케터야.
목표선정	너의 목표는 창의적이고 매력적인 블로그 콘텐츠를 만드는 것이야.
사전 지식 제공	아래 링크에 대해서 블로그 게시글을 만들고 싶어. https://www.wired.com/story/17-tips-better-chatgpt-prompts/ 이 글을 읽는 대상은 챗GPT 초보자로 해줘.
미션 수행	아래 조건을 모두 만족해줘. -블로그 제목을 5개 뽑아줘. -"챗GPT 프롬프트"라는 핵심 키워드를 제목의 맨 앞에 넣어줘. -각 제목은 한 문장으로, 주목할 만하게 만들어줘. -톤앤매너는 '친절한', '전문적인'으로 해줘. -제목에 ":", "–" 같은 기호를 빼고 하나의 완벽한 문장을 만들어줘. -출력 형식은 아래와 같이 해줘. 제목1 : 선정 이유 :

■ 2단계 목차 작성

1단계에서 제목을 선택한 후, 목차를 완성한다.

단계	프롬프트
미션 수행	'제목 N'이 마음에 들어. 아래 조건을 모두 만족해줘. –블로그 글을 작성할수 있도록 목차를 작성해줘. –'서론–본론1–본론2–본론3–결론'으로 구성해줘. –본론1, 2, 3에는 각각에 맞는 소제목을 작성해줘.

■ 3단계 목차에 따른 각 항목별 내용 작성

완성된 개요의 각각의 부분을 순차적으로 작성한다.

》 서론용 프롬프트

단계	프롬프트
미션 수행	아래 조건을 모두 만족하는 '서론'을 작성해줘. –콘텐츠 마케팅 전문가로서 블로그 본문을 작성해줘. –소제목 없이 작성해줘. –SEO에 맞게 포스팅을 진행해줘. –최대한 자세하게 내용을 작성해줘.

》 본론 1, 본론 2, 본론 3, 결론용 프롬프트

단계	프롬프트
미션 수행	소제목 구분 없이 '본론 N / 결론'을 생성해줘.

[문제2] 유튜브 기반으로 블로그 글쓰기

이 과정은 웹페이지 기반의 과정과 거의 흡사하다. WebPilot이 아닌 Voxscript를 사용한다는 점에서만 차이가 있을 뿐이다. 1단계 프롬프트만 제시할 테니 나머지 단계는 직접 해보도록 하자.

> **최적 서비스:** 챗GPT – Voxscript 사용
> **참고한 자료:** The BEST ChatGPT Copywriting Prompt
> (최고의 ChatGPT 카피라이팅 프롬프트)
> https://youtu.be/d6iUXtNdtq4?si=CocuavuVUNbRQurE

■ **1단계 제목 추천**

단계	프롬프트
역할 부여	블로그 글쓰기용 기본 프롬프트와 동일
목표 선정	블로그 글쓰기용 기본 프롬프트와 동일
사전 지식 제공	아래 링크에 대해서 블로그 게시글을 만들고 싶어. https://youtu.be/d6iUXtNdtq4?si=CocuavuVUNbRQurE 이 글을 읽는 대상은 챗GPT 초보자로 해줘.
미션 수행	블로그 글쓰기용 기본 프롬프트와 동일

4장
프레임워크를 활용한 글쓰기

글쓰기에서 프레임워크는 글을 작성할 때 사용하는 체계적인 접근 방식 또는 조직화된 구조를 말한다. 이는 단순히 글의 외형적 구조만을 의미하는 것이 아니라, 아이디어를 효과적으로 전달하기 위한 전략적인 사고 과정과 방법론을 포함한다. 글을 쓸 때 프레임워크를 활용한다면 글의 구조를 보다 명확하게 구성할 수 있다. 인공지능 서비스들도 프레임워크에 대해서 이해도가 높기 때문에 우리는 프레임워크를 프롬프트에서 호출하는 것만으로도 편하게 사용할 수 있다. 여기서는 프레임워크 중에서 대표적인 AIDA와 PAS 프레임워크를 활용하겠다.

AIDA 프레임워크

AIDA 프레임워크란 주목 Attention, 관심 Interest, 욕구 Desire, 행동 Action의 앞 글자를 따서 만든 개념이다. 사용자의 이목을 끌고 제품과 서비스에 대한 관심을 높여 사용 및 구매 욕구를 불러일으키고, 사용자의 행동으로까지 이어지게 하는 것을 목표로 한다.

필자는 이 프레임워크를 활용해 '선행학습의 위험성'에 대한 글을 온라인 기사 형식으로 작성하려고 한다. 온라인 기사는 비교적 긴 형태의 콘텐츠이기 때문에 체인 프롬프트를 사용하는 것이 좋다.

앞서 진행했듯이 제목과 목차를 요구할 것인데, 이번에는 빠르게 글을 완성하기 위해서 제목과 목차를 함께 요청하겠다. 따라서 1단계에서는 제목을 추천받은 뒤 동시에 서론, 본론, 결론이라는 구조 하에서 목차를 작성하게 한다. 2단계에서는 각 목차에 따른 내용을 작성해보자.

콘텐츠 주제: 선행학습의 위험성
최적 서비스: 클로드, 챗GPT

■ **1단계 제목 추천 및 개요 작성**

단계	프롬프트
역할 부여	너는 지금부터 나를 돕는 전문 작가야.
목표 선정	❶ AIDA 프레임워크에 맞는 ❷ 온라인 기사를 작성해줘.
❸ 사전 지식 제공	나는 아래 내용으로 온라인 기사를 작성하고 싶어. -이 글의 주제는 "선행학습의 위험성"이야. -이 글의 독자는 초등학교 1학년의 학부모들이야. -지금 이 학부모들은 자기 자녀에게 선행학습을 시켜야 할지 고민이야.
미션 수행	아래 조건을 모두 만족해줘. -❹ 'AIDA 프레임워크'를 이 주제와 결합해서 어떻게 사용할 것인지 계획을 알려줘. -톤앤매너는 ❺ 교육전문가로서, 날카로운 기사를 작성해줘. -아래 구조에 따른 목차를 작성해줘. 제목: (예시를 5개 알려줘.) 서론: 본론: 결론:

❶목표 선정에서 사용하고자 하는 프레임워크를 호출한다. ❷그리고 어떤 형태의 글을 작성하고 싶은지 언급한다. ❸사전 지식 제공 부분에는

온라인 기사를 체계적으로 작성하기 위해서 글의 주제, 독자, 그리고 독자의 상황을 정리했다. 미션 수행 단계에서는 ❹이 글이 AIDA 프레임워크를 어떻게 활용할 것인지 계획을 요청했고 ❺적용할 톤앤매너를 알려주었다. 또한 완성된 글을 빠르게 얻기 위해서 내가 선택할 수 있는 제목 예시 5개와 더불어 목차를 함께 요청했다. 이 프롬프트를 프레임워크를 활용한 글쓰기의 기본 프롬프트로 정의한다. 이 프롬프트를 챗GPT에 입력하자 아래와 같은 답변이 나왔다.

> AIDA 프레임워크 설명
> AIDA는 주의(Attention), 관심(Interest), 욕구(Desire), 행동(Action)의 약자로 구성된 마케팅 및 글쓰기 기법입니다. 선행학습의 위험성이라는 주제를 다룰 때, AIDA는 다음과 같이 활용할 수 있습니다.
>
> 1. 주의(Attention): 선행학습의 위험성을 부각하여 독자의 관심을 끌어냅니다.
> 2. 관심(Interest): 선행학습이 아이들에게 미치는 부정적인 영향에 대한 구체적인 정보를 제공합니다.
> 3. 욕구(Desire): 학부모들이 선행학습 대신 적절한 교육 방안을 모색하도록 동기를 부여합니다.
> 4. 행동(Action): 학부모들이 자녀 교육 방식을 재고하고 바람직한 방법을 선택하도록 유도합니다.
>
> 제목 예시:
> 1. "선행학습, 정말 필요한가? 그 숨겨진 위험성"
> 2. "초등 1학년, 선행학습보다 중요한 것은 무엇인가?"
> 3. "선행학습의 덫: 아이에게 미치는 부정적 영향"
> 4. "선행학습, 득보다 실이 많은 이유"
> 5. "아이의 미래를 위한 선택, 선행학습의 위험성 탐구"

서론:
초등학교 1학년 자녀를 둔 부모들은 선행학습을 해야 할지 고민에 빠져 있습니다. 그러나 선행학습이 항상 긍정적인 결과를 가져오는 것은 아닙니다. 이 글에서는 선행학습의 위험성을 조명하여 학부모들이 현명한 선택을 할 수 있도록 돕고자 합니다.

본론:
1. 선행학습의 정의 및 현재 트렌드: 선행학습이 무엇인지, 그리고 많은 부모들이 이를 선택하는 이유를 설명합니다.
2. 선행학습의 부정적 영향: 아이의 창의력 저하, 스트레스 증가, 학습 동기 저하 등 다양한 부작용을 사례와 연구 결과를 통해 구체적으로 설명합니다.
3. 대안적인 교육 방법: 선행학습 대신 아이의 발달에 더 긍정적인 영향을 미치는 방법을 제안합니다. 예를 들어, 놀이 중심 학습이나 사회적 상호작용 강화 등이 있습니다.

결론:
선행학습은 단기적인 학습 성과를 높이는 데는 도움이 될 수 있지만, 장기적으로는 다양한 부정적 영향을 미칠 수 있습니다. 부모들은 아이의 전인적 발달을 위해 선행학습의 위험성을 신중히 고려하고, 더 나은 대안을 찾아야 합니다. 아이의 행복한 학습 환경을 만드는 것이 가장 중요합니다.

프롬프트에서 요청한 사항에 맞게 AIDA 프레임워크를 어떻게 사용할 것인지에 대한 계획이 나오고 제목 5개를 추천해준다. 그리고 '서론-본론-결론' 구조에 따라 어떤 내용이 들어가도록 쓸 것인지 답변해주었다.

■ **2단계 목차에 따른 각 항목별 내용 작성**

여기서 사용자가 원하는 제목을 선택하고, 목차의 내용을 수정한 다음, 서론을 작성한다.

 제목은 1번으로 할게. "서론" 부분을 작성해줘.

 "초등학교 1학년 자녀를 둔 부모님들은 자녀의 교육에 대한 많은 고민을 안고 있습니다. 특히, 선행학습의 필요성을 둘러싼 논의는 뜨거운 화두입니다. 일부 부모님들은 조기 학습이 자녀의 학업 성취에 도움이 될 것이라 믿지만, 그 이면에 숨겨진 위험성도 무시할 수 없습니다. 이 글에서는 선행학습의 부작용을 살펴보고, 자녀에게 진정으로 필요한 교육이 무엇인지 함께 고민해보려 합니다.

여기서 적절한 수정을 한 후 본론과 결론을 연달아 작성하면 된다. 특히 본문 부분에는 AIDA 프레임워크에 따라서 글이 작성된다. 이렇게 목차의 각 부분별로 작성을 완료한 뒤 각각의 부분을 하나로 합치면 AIDA 프레임워크를 활용한 온라인 기사가 만들어진다.

PAS 프레임워크

다음은 PAS 프레임워크를 활용해보자. PAS 프레임워크란 문제Problem, 자극Agitation, 해결책Solution의 앞 글자를 따서 만든 개념이다. 문제를 파악하고 그것을 자극해 긴장감을 느끼게 한 다음, 해결책을 제공하는 데 중점을 두는 것이다. 앞서 사용한 것과 동일한 주제로 글을 요청해보겠다.

■ **1단계 제목 추천 및 목차 작성**

우선은 앞에서 만들었던 기본 프롬프트를 PAS 프레임워크에 맞게 수정한다. 나머지는 그대로 두고, 프레임워크의 이름을 적어주었던 부분에서 AIDA 프레임워크를 PAS 프레임워크로 바꾸면 된다.

단계	프롬프트
역할 부여	AIDA 프레임워크용 프롬프트와 동일
목표 선정	PAS 프레임워크에 맞는 온라인 기사를 작성해줘.
사전 지식 제공	AIDA 프레임워크용 프롬프트와 동일
미션 수행	아래 조건을 모두 만족해줘 - "PAS 프레임워크"를 이 주제와 결합해서 어떻게 사용할 것인지 계획을 알려줘. (이하 AIDA 프레임워크용 프롬프트와 동일)

이제 챗GPT 채팅창에 프롬프트를 입력한다.

 PAS 프레임워크와 주제 결합

Problem (문제): 많은 초등학교 1학년 학부모들이 자녀의 선행학습 필요성에 대해 고민하고 있다.

Agitation (자극): 선행학습을 하지 않으면 자녀가 뒤처질까 봐 걱정하고, 주변의 조언과 교육 방식의 변화로 인해 혼란스러워 한다.

Solution (해결책): 선행학습 대신 부모와의 소통과 자기주도학습을 통해 자녀가 자연스럽게 학습할 수 있도록 돕는 것이 필요하다. 실질적인 입학 준비는 생활 습관과 기본 학습 태도 형성에 중점을 둔다.

제목 예시:
"초등학교 선행학습, 꼭 필요할까?"

"선행학습보다 중요한 것은 무엇?"
"초등 입학 준비, 부모와의 소통이 답이다"
"선행학습의 함정: 자녀 교육의 올바른 방향"
"초등학교 1학년, 무엇을 준비해야 할까?"

서론:
초등학교에 입학하는 자녀를 둔 많은 학부모들은 선행학습의 필요성에 대해 고민하고 있습니다. 자녀가 학교에서 뒤처지지 않을까 하는 불안감과 주변의 조언들로 인해 학부모들은 갈등에 빠지곤 합니다.

본론:
선행학습의 실제 효과와 위험성
선행학습의 장단점

(중략)

결론:
선행학습에 대한 지나친 집착보다는 자녀와의 소통과 교감을 통해 자기주도적 학습 능력을 키우는 것이 중요합니다. 학부모들은 자녀의 학습을 돕기 위해 꾸준한 관심과 지지를 보내야 하며, 이를 통해 자녀가 스스로 학습할 수 있는 능력을 키우는 것이 궁극적인 목표임을 강조합니다.

챗GPT가 어떻게 PAS 프레임워크를 활용할 것인지 언급한 뒤 제목 5개를 추천해주고, 여기서 사용자의 필요에 따라 답변을 재생성하거나 수정 프롬프트를 통해서 내용을 수정한다. 필자는 1번 제목이 마음에 들어 여기에 맞춰 '서론' 부분을 작성해달라고 요청했다.

■ **2단계 목차에 따른 각 항목별 내용 작성**

 제목은 1번으로 할게. '서론' 부분을 작성해줘.

 서론
초등학교에 입학하는 자녀를 둔 학부모들은 선행학습의 필요성에 대해 깊은 고민에 빠지곤 합니다. 주변에서는 학원과 다양한 교육 프로그램을 권유하며, 선행학습이 자녀의 성적에 직접적인 영향을 미친다는 이야기를 듣기 때문입니다. 이러한 상황에서 부모들은 자녀가 학교에서 뒤처질까 봐 불안해하며, 올바른 교육 방식을 선택해야 하는 중대한 결정을 앞두고 있습니다.

이렇게 서론이 작성되면 수정을 진행하고, 본론과 결론의 나머지 부분도 생성을 요청하면 된다.

5장
유튜브 영상 제목과 섬네일 문구 만들기

 필자는 유튜브 채널을 운영하면서 콘텐츠에 어울리는 영상 제목과 섬네일 문구를 만들기 위해 항상 고민한다. 영상 제목은 유튜브 검색엔진이 해당 영상의 종류를 이해하는 데 도움을 주며, 섬네일은 사용자의 선택을 유도하는 핵심요소다. 따라서 유튜브 영상 제목은 유튜브 알고리즘에 따라 많은 사람들에게 노출될 수 있도록 짓는 것이 중요하고, 섬네일은 사용자들의 시선을 끌도록 만드는 것이 중요하다. 특히 섬네일의 클릭률이 높아지면 유튜브 홈과 추천 동영상에도 노출량이 증가하는 경향이 있기 때문에 중요하다.
 인공지능 서비스에게 영상의 기본 정보를 제공하면, 유튜브 알고리즘에 최적화된 제목과 사용자의 시선을 끌 수 있는 섬네일용 문구를 다양하게 제안해준다. 이 제안들을 활용해서 우리는 보다 효과적으로 동영상을 업로드할 수 있다. 유튜브의 제목과 섬네일을 만들기 위해서는 한국어에 대한 이해도가 높아야 하기 때문에 클로드와 챗GPT가 좋다. 특히 클로드는 언어의 뉘앙스를 잘 살려내므로 이러한 콘텐츠를 만드는 데 적격이다.

| 콘텐츠 주제: | 초보자를 위한 챗GPT 사용법 |
| 최적 서비스: | 클로드, 챗GPT |

단계	프롬프트
역할 부여	너는 지금부터 유튜브 크리에이터야.
목표 선정	내가 입력하는 내용을 참고해 유튜브 영상에 어울리는 제목을 만들어줘.
사전 지식 제공	내가 아래 내용으로 영상을 만들었어. "챗GPT의 초보자들이 쉽게 사용법을 배울 수 있는 중요한 내용들을 담았다."
미션 수행	❶ ###동영상 제목 만들 때 참고사항### ❷ 제목과 관련해서는 아래 조건을 모두 만족해줘. -동영상 내용을 간략하게 정리한 내용을 넣어줘. -유튜브 검색 노출에 유리하도록 제목에 키워드를 넣어줘. -제목 앞 부분에 주목을 끌 수 있는 창의적이고 재미있는 단어로 시작해줘. 이게 매우 중요해! -주목을 끌만한 이모지를 여러 개 사용해줘. -제목의 전체적인 톤앤매너는 "설명적"이고 "유익한" 느낌으로 만들어줘. -길이는 한글 기준 70자를 넘지 않도록 만들어줘. ###섬네일에 들어갈 문구 만들 때 참고사항### ❸ 섬네일에 들어갈 문구와 관련해서는 아래 조건을 모두 만족해줘. -동영상 내용을 간략하게 정리한 내용을 넣어줘. -영상을 시청할 타겟을 참고해서 창의적이고 호기심을 자극하고, 유머가 있는 문장을 만들어줘. -문장에는 이모지를 넣지 않아. -길이는 한글로 10자가 넘지 않도록 만들어줘. ❹ ### 출력 형식 지정### -10개의 예시를 만들어줘. -출력 형식은 아래와 같이 해줘. 첫 번째 결과 동영상 제목 : 섬네일 문구 :

❶ 동영상 제목과 섬네일 2가지를 세팅해야 하기 때문에, 프롬프트가 길어져 ###를 사용해서 주석을 달았다. 앞서 말했듯 주석을 다는 이유는 복잡한 프롬프트에 대한 보조 설명을 해주어서 인공지능이 프롬프트를 이해하는 데 도움을 주기 위함이다. 주석은 프롬프트 내용에 직접적인 영향을 주지 않는다.

❷ 보통 사용자들의 시선은 제목의 앞 부분에 먼저 가기 때문에, 제목을 지을 때 창의적이고 재미있는 단어로 시작하게 해달라고 요청했다. 그리고 최근 유튜브 영상 제목의 트렌드를 보면 이모지를 사용하는 경우가 잦아, 필자도 이모지를 요청했다.

이렇게 동영상의 제목 부분을 완성했다면, 섬네일에 들어갈 문구를 이어서 만들어 보자.

❸ 섬네일용 문구는 오로지 사용자의 이목을 끄는 것이 목표이다. 창의적인 문구, 호기심을 자극하는 문구, 유머러스한 문구는 사용자의 시선을 끄는 데 효과적이기 때문에 그와 같은 문구를 요청했다. 또한 한눈에 들어오도록 문구의 길이는 한글로 10자가 넘지 않도록 해달라고 요청했다. 필자는 디자인툴로 직접 이모지를 그려 넣기 때문에 섬네일 문구에 이모지를 넣지 말라고 지시했지만, 각자의 상황에 맞게 하면 된다.

❹ 출력 형식에서 이전 미션 수행과 다른 포인트가 2가지이다. 첫 번째, 많은 예시를 받은 뒤 그중에서 선택하기 위해 10개의 예시를 만들어 달라고 요청했다. 두 번째, 제목과 썸네일을 함께 고려하기 위해 동영상 제목과 썸네일용 문구를 함께 출력해달라고 했다.

이제 이 프롬프트를 클로드의 채팅창에 삽입했다. 클로드가 내놓은 1차 답변은 다음과 같다.

> ✳️ 첫 번째 결과
> 동영상 제목: 🎬충격! ChatGPT 초보자도 10분만에 마스터?! 💡필수 팁 대공개!
> 섬네일 문구: ChatGPT 초보자를 위한 비밀 레시피
>
> 두 번째 결과
> 동영상 제목: 🔥대박! ChatGPT 입문자가 꼭 알아야 할 꿀팁 모음 👀 이것만 알면 고수!
> 섬네일 문구: ChatGPT 초보탈출 비법 대방출
>
> (중략)
>
> 열 번째 결과
> 동영상 제목: 💪파워업! ChatGPT 초보자를 위한 핵심 노하우 총집합 🔑 성공의 열쇠
> 섬네일 문구: ChatGPT 고수되는 지름길 공개

여기에서 사용자의 요구에 맞게 답변을 재생성하거나 수정 프롬프트를 넣어서 2, 3차 수정을 진행한다. 클로드의 1차 출력값을 살펴보니 동영상 제목은 다양한 도입부로 출력되었지만, 섬네일용 문구는 모두 'ChatGPT'라는 단어로 시작하고 있다. 어차피 섬네일은 검색이 되지 않기에 핵심 문구가 들어갈 필요가 없고, 또한 섬네일에 들어가는 글자 수가 적을수록 가시성 좋게 디자인할 수 있다. 그래서 'ChatGPT'라는 문구를 빼고 작성해달라고 다시 요청한다. 또한 요청하는 김에 더 좋은 제목을 받기 위해 추가 요청을 해보자.

섬네일 문구에 ChatGPT라는 단어를 빼고, 더 창의적으로 작성해줘.

※ 첫 번째 결과
동영상 제목: 🚀충격! ChatGPT 초보자도 10분만에 마스터?! 💡필수 팁 대공개!
섬네일 문구: 인공지능 마법사의 비밀 주문서

두 번째 결과
동영상 제목: 🔥대박! ChatGPT 입문자가 꼭 알아야 할 꿀팁 모음 👀 이것만 알면 고수!
섬네일 문구: 디지털 현자의 지혜를 훔치다

(중략)

열 번째 결과
동영상 제목: 🔋파워업! ChatGPT 초보자를 위한 핵심 노하우 총집합 🔑 성공의 열쇠
섬네일 문구: 인공지능 달인의 비밀 수첩

이렇게 프롬프트의 수정 사항을 반영한 클로드의 2차 답변이 나왔다. 사용자의 요구에 맞게 추가적으로 수정 프롬프트를 활용해서 내용을 최적화하자.

6장
쇼핑몰 상세페이지 만들기

상세페이지를 제작할 때는 많은 시간과 인력, 아이디어가 필요하다. 그러나 인공지능 서비스에게 브랜드와 제품에 대한 구체적인 정보를 제공하고, 이를 내가 원하는 형식으로 출력하도록 만든 프롬프트에 넣는다면 멋진 상세페이지 문구를 빠르게 고안할 수 있다.

쇼핑몰 상세페이지에는 기본적으로 자연스러운 한국어를 사용해야 하기 때문에, 클로드와 챗GPT를 기반으로 작업을 진행하면 좋다. 그리고 쇼핑몰 상세페이지는 비교적 긴 글을 출력해야 하고 각각의 영역을 살펴보면서 최적화 작업을 수행해야 하기 때문에, 체인 프롬프트를 사용하는 것이 효율적이다.

먼저 1단계에서는 제품에 대한 상세한 정보를 인공지능 서비스에게 제공하고, 쇼핑몰 상세페이지의 템플릿을 요청한다. 2단계에서는 템플릿에서 나온 각각의 영역을 개별로 생성하면서 사용자의 요구에 맞게 최적화 작업을 진행해준다. 이제부터 클로드를 활용해 쇼핑몰 상세페이지 만들기를 시작해보겠다.

| 콘텐츠 주제: 유기농 강아지사료 쇼핑몰 상세페이지
| 최적 서비스: 클로드, 챗GPT

■ 1단계 상세페이지 템플릿 작성

단계	프롬프트
역할 부여	너는 지금부터 쇼핑몰 상세페이지 제작 전문가야.
목표 선정	너는 내가 원하는 대로 매력적인 쇼핑몰 상세페이지의 내용을 구성해줘야 해.
사전 지식 제공	'유기농 강아지사료'를 판매하는 쇼핑몰이야. 강조할 부분은 아래와 같아. -제품의 이름은 "파워독"이야. -사료의 원료가 아주 건강해. 비타민 등 영양제를 원료에 함께 넣었어. -맛이 좋아 재구매율이 높아. -쇼핑몰은 10년 이상 운영되고 있어 신뢰도가 높아. -전 제품이 현재 무료 배송 중이야.
미션 수행	우선 쇼핑몰 상세페이지 템플릿을 제안해줘.

사전 지식 제공 단계에서 쇼핑몰과 제품에 대한 디테일한 사항을 입력해준다. 제품의 카테고리, 제품명, 제품의 특징 등이 여기에 들어간다. 이 부분을 최대한 자세하게 작성해야 사용자에게 최적화된 상세페이지를 출력해준다. 그리고 미션 수행 단계에서 쇼핑몰 상세페이지의 템플릿을 제안해달라고 요청한다. 아래의 답변이 클로드가 출력한 답변이다.

 파워독 유기농 강아지사료 상세페이지

1. 헤더 섹션
-제품명: '파워독 프리미엄 유기농 강아지 사료'
-간단한 슬로건: "당신의 반려견에게 최고의 영양을 선사하세요"

2. 핵심 특징 요약
−건강한 원료 사용
−영양제 첨가
−높은 재구매율
−10년 이상의 신뢰도
−무료배송

3. 제품 상세 이미지 및 설명
−사료의 외관, 포장, 원료 이미지
−각 원료의 상세 설명 및 영양 정보

4. 원료 및 영양성분 분석
−사용된 유기농 원료 목록
−첨가된 비타민 및 영양제 정보
−영양 성분표

5. 고객 후기 및 재구매율
−실제 고객들의 testimonial
−재구매율 통계 그래프

6. 브랜드 스토리
−10년 이상의 운영 역사
−품질 관리 프로세스 설명

7. 구매 옵션 및 배송 정보
−용량별 가격 정보
−무료배송 안내

8. FAQ 섹션
−자주 묻는 질문과 답변

9. 구매하기 버튼
−눈에 띄는 '지금 구매하기' 버튼

이와 같이 쇼핑몰 '파워독'에 대한 상세페이지 템플릿이 나왔다. 템플릿을 검토하고 마음에 드는 템플릿이 나올 때까지 재생성 버튼을 눌러 새로운 답변을 받는다. 그중 마음에 드는 템플릿이 나오면 수정 프롬프트를 활용해 세부적인 내용을 수정한다.

■ **2단계 각 영역의 개별 생성**

상세페이지의 템플릿을 완성했다면 각 영역에 들어갈 내용을 들어갈 내용을 생성한다. 먼저 '헤더 섹션' 부분을 상세하게 만들어 달라고 요청한다. 여러 아이디어를 고려하기 위해 5개의 예시로 출력해달라고 요청했다.

"1. 헤더 섹션" 부분을 5개의 예시로 출력해줘.

네, 알겠습니다. '파워독' 유기농 강아지 사료의 헤더 섹션에 대한 5가지 예시를 제안해 드리겠습니다.

1. 제품명과 간단한 슬로건, 그리고 10년 전통을 강조합니다.

파워독 프리미엄 유기농 강아지 사료
당신의 반려견에게 최고의 영양을 선사하세요
10년 전통의 신뢰할 수 있는 브랜드

2. 제품의 주요 특징(유기농 원료, 비타민 영양제)과 무료배송을 강조합니다.

파워독: 건강한 선택, 행복한 반려견
유기농 원료 + 비타민 영양제 = 완벽한 영양 균형

지금 구매하시면 무료배송

(중략)

5. 제품의 장점을 간단히 요약하고, 품질 보증과 무료배송을 강조합니다.

파워독으로 시작하는 건강한 하루
유기농 원료와 필수 영양소의 완벽한 조화
지금 구매하면 품질 보증 + 무료배송

클로드가 내놓은 5개의 예시 중에서 필자는 제품의 주요 특징과 무료배송을 강조한 2번 예시를 선택했다. 그리고 다음 영역인 '2. 핵심 특징 요약' 부분의 예시도 역시 5개를 출력해달라고 요청했다.

 "2. 핵심 특징 요약" 부분을 5개의 예시로 출력해줘.

1. 간단한 불릿 포인트 스타일:
   - 건강한 원료: 100% 유기농 재료 사용
   - 영양 강화: 비타민 및 필수 영양소 첨가
   - 높은 만족도: 90% 이상의 재구매율
   - 신뢰할 수 있는 브랜드: 10년 이상의 운영 경력
   - 편리한 구매: 전 제품 무료배송

2. 질문과 답변 형식:

Q: 파워독 사료의 원료는 어떤가요?
A: 100% 유기농 원료만을 사용하여 건강에 좋습니다.

3. 문장 형식:
파워독은 100% 유기농 원료로 만든 건강한 강아지 사료입니다. 비타민과 필수 영양소를 추가하여 영양 균형이 뛰어나며, 90% 이상의 높은 재구매율을 자랑합니다. 10년 이상 운영된 신뢰할 수 있는 브랜드로, 고객 편의를 위해 모든 제품을 무료로 배송해 드립니다.

4. 숫자로 나열하기:
1. 100% 유기농 원료 사용
2. 비타민 및 영양제 첨가
3. 90% 이상의 재구매율
4. 10년 이상의 브랜드 역사
5. 100% 무료배송 서비스

5. 강조 문구 사용:
"건강한 원료"로 만들어진 파워독 사료는 "영양가 높은" 비타민과 영양제를 함유하고 있습니다. "높은 만족도"를 자랑하는 우리 제품은 "90% 이상의 재구매율"을 기록하고 있습니다. "10년 이상의 신뢰"를 바탕으로 운영되는 우리 쇼핑몰은 고객 편의를 위해 "전 제품 무료배송"을 제공합니다.

필자는 이중에서 '질문과 답변 형식' 스타일의 답변이 마음에 들었다. 마찬가지로 '3. 제품 상세 이미지 및 설명' 부분부터 '9. 구매하기' 부분까지 각각 5가지 예시를 출력하라고 요청한다. 이와 같은 방식으로 마음에 드는 답변을 찾을 때까지 작업하여 상세페이지에 들어갈 문안을 완성한다.

7장
PPT 만들기

이번에는 PPT, 즉 파워포인트에 사용되는 텍스트를 만들어보자. 인공지능 서비스는 PPT를 효과적으로 제작하며, 제작 시간을 획기적으로 단축시킨다. 이때 단순히 PPT 생성 작업의 효율성을 높이는 것을 넘어 내용의 구조적 변화를 만들고 있다.

PPT 내용을 구성할 때 인공지능 서비스가 뛰어난 부분은 주제의 본질을 파악하고 이를 논리적 계층 구조로 재배열하는 능력이다. 이를 통해서 PPT를 체계적으로 구성할 수 있다. 또한 다양한 지식을 바탕으로 콘텐츠를 생산할 수 있기 때문에 산업별 전문 용어의 적절한 활용, 대상 청중의 특성을 고려한 난이도 조절이 가능하다.

콘텐츠 주제: 글쓰기와 인공지능
최적 서비스: 클로드, 챗GPT

단계	프롬프트
역할 부여	너는 지금부터 파워포인트 제작 전문가야.
목표 선정	내가 원하는 주제에 대해서 매력적인 PPT 슬라이드의 내용을 만들어줘.

사전 지식 제공	나는 아래 조건을 모두 만족하는 PPT를 만들고 싶어. –"글쓰기와 인공지능"이라는 주제로 글을 작성하고 싶어. –목표는 글쓰기에 인공지능을 활용하도록 만드는 것이야. –대상은 인공지능을 배우고 싶은 창작자들이야.
미션 수행	아래 조건을 모두 만족해줘. –나는 5장의 슬라이드를 만들 거야. –❶ 첫 번째 슬라이드는 제목(title)으로 사용할 거야. 1) 주목받을 수 있는 제목으로 만들어줘. 2) Heading, subheading 이 2가지만 넣어줘. –두 번째 슬라이드는 시선을 사로잡는 "인트로"로 구성해줘. –세 번째 슬라이드부터는 Heading, subheading, contents in form of short paragraph or bullets, multiple blurbs 등을 포함해줘. –❷ 마지막 슬라이드는 설득력 있는 결론을 담은 아웃트로로 구성해줘. –슬라이드의 내용을 바로 파워포인트에 붙여 넣을 수 있도록 구성해줘.

❶첫 번째 슬라이드는 제목으로 사용하기 때문에 이목을 끌 만한 문구로 Heading, subheading 2가지만 작성해달라고 요청했다. ❷마지막 슬라이드는 결론을 담는 영역으로 구성해달라고 요청했다. 이렇게 각 슬라이드의 역할을 정하고 구체적으로 어떻게 구현할 것인가를 요청하는 것이 중요하다. 특이사항으로, 한국어로 표현하기 힘든 용어는 영어로 표현했다. 물론 "Heading, subheading, contents in form of short paragraph or bullets, multiple blurbs"라는 단어를 "제목, 부제목, 짧은 단락 또는 글머리 기호 형태의 콘텐츠, 여러 개의 블러브 표시"라고 쓸 수도 있지만, 파워포인트를 자주 제작하는 입장에서는 영어가 직관적이고 이해하기 쉽다. 그래서 굳이 어렵게 적절한 한국어 표현을 고민하지 않고 필자에게 익숙한 영어 단어를 그대로 넣어서 구성했다.

이 PPT용 기본 프롬프트를 클로드나 챗GPT의 채팅창에 입력해준다.

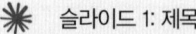 슬라이드 1: 제목

Heading
글쓰기의 혁명: AI와 함께 창작의 지평을 넓히다

Subheading
인공지능으로 당신의 창작 능력을 극대화하세요

(중략)

슬라이드 5: 결론 (아웃트로)

Heading
AI와 함께 열어가는 창작의 새로운 지평

Contents
- AI는 도구일 뿐, 진정한 창작자는 여러분입니다
- 기술을 두려워하지 말고, 활용하세요
- 끊임없이 학습하고 실험하며 AI와 공존하는 글쓰기를 실천해 나가세요

"AI를 통해 당신의 창의성은 더욱 빛날 것입니다. 지금 시작하세요!"

이렇게 1차 답변이 나왔다. 필자는 개인적으로 슬라이드에 많은 정보를 넣는 것을 싫어하기 때문에, 위의 1차 출력물과 같이 단순한 슬라이드가 마음에 든다. 그러나 필요에 의해 또는 발표자의 스타일에 따라 슬라이드를 더 길게 작성해야 한다면, "2번 슬라이드의 Contents 부분을 다양한 예시를 활용해 자세하게 작성해줘"처럼 구체적으로 슬라이드 구성을 요청할 수 있다. 이렇게 사용자가 원하는 대로 슬라이드의 내용을 가공해서 사용하면 된다.

> **연습문제**

지금까지 설명한 것을 이해했다면 다양한 방식으로 PPT 만들기를 직접 해보자. 필자는 사전 지식 제공 프롬프트만 제시하겠다. 반드시 책의 주제를 그대로 따라할 필요는 없다. 주제와 참고자료를 바꾸면서 해도 좋다.

문제1 | 웹검색 기반으로 만드는 PPT

콘텐츠 주제: 최근 인공지능 트렌드
최적 서비스: 퍼플렉시티

단계	프롬프트
사전 지식 제공	나는 아래 조건을 모두 만족하는 PPT를 만들고 싶어. –"최근 인공지능 트렌드"라는 주제로 글을 작성하고 싶어. –PPT의 목표는 인공지능의 트렌드를 이해하는 것이야. –2024년 이후 발행한 데이터를 바탕으로 만들고 싶어. –대상은 인공지능을 배우고 싶은 사용자들이야.

문제2 | 웹페이지 기반으로 만드는 PPT

콘텐츠 주제: 집중력을 높이는 방법
최적 서비스: 챗GPT – WebPilot 사용
참고 자료: 7 Tips for Becoming More Mentally Focused
(집중력을 높이기 위한 7가지 팁)
https://www.verywellmind.com/things-you-can-do-to-improve-your-mental-focus-4115389

단계	프롬프트
사전 지식 제공	나는 아래 조건을 모두 만족하는 PPT를 만들고 싶어. -"집중력 높이는 방법"이라는 주제로 글을 작성하고 싶어. -아래 링크를 참고해서 작성해줘. https://www.verywellmind.com/things-you-can-do-to-improve-your-mental-focus-4115389?print -대상은 집중력을 높여서 업무 효율을 올리고 싶은 직장인들이야. -PPT의 목표는 팁들을 활용해 집중력을 높이는 것이야.

문제3 유튜브 동영상 기반으로 만드는 PPT

콘텐츠 주제: 집중력을 높이는 방법
최적 서비스: 챗GPT 사용
참고한 자료: How To Stay Focused Longer
(집중력을 더 오래 유지하는 방법)
https://youtu.be/O-ETErmpVxI?si=7SrcssorleN95Jld

단계	프롬프트
사전 지식 제공	나는 아래 조건을 모두 만족하는 PPT를 만들고 싶어. -"집중력 높히는 방법"이라는 주제로 글을 작성하고 싶어. -아래 링크를 참고해서 작성해줘. https://youtu.be/O-ETErmpVxI?si=7SrcssorleN95Jld -대상은 집중력을 높여서 업무효율을 올리고 싶은 직장인들이야. -PPT의 목표는 팁들을 활용해 집중력을 높이는 것이야.

문제4 업로드한 파일을 기반으로 만드는 PPT

콘텐츠 주제: 블로그 지수 높이는 방법
최적 서비스: 클로드, 챗GPT
참고한 자료: 필자 제공(bit.ly/4gJ1U2R)

단계	프롬프트
사전 지식 제공	나는 아래 조건을 모두 만족하는 PPT를 만들고 싶어. –"블로그 지수 높이는 방법"이라는 주제로 글을 작성하고 싶어. –내가 첨부한 파일을 참고해서 작성해줘. –대상은 블로그를 처음 시작하는 초보 마케터야. –PPT의 목표는 팁들을 활용해 블로그 지수를 높이는 것이야.

8장
기획안 작성하기

필자는 1인 기업으로, 다양한 곳에 기획안을 작성해 제출하고 있다. 매년 수많은 기획안을 만들어야 하다 보니, 어떻게 해야 독창적이고 주목받는 기획안을 작성할 수 있을지 늘 고민이 많다. 특히 짧은 기간 내에 여러 기획안을 작성해야 하는 경우 고민이 더 깊어진다. 생성형 AI의 등장 이전, 필자가 주로 사용한 방법은 인터넷 검색을 통해 관련 분야의 잘 만든 기획안을 참고하고, 이를 내 스타일에 맞게 가공하는 작업이었다. 처음부터 작성하는 것보다는 시간이 덜 들었지만 이 과정도 꽤나 힘들고 많은 시간이 걸렸다.

그러던 중 클로드와 챗GPT 같은 인공지능 서비스가 등장했고, 필자는 이를 활용하기 시작했다. 필자가 인터넷을 통해 다양한 방법으로 검색하여 얻은 정보를 바탕으로 필자의 의도를 담아 정보를 가공해서 기획안을 만드는 과정은, 인공지능이 정보를 찾고 프롬프트에 따라서 정보를 가공해 출력하는 과정과 거의 흡사하다. 차이점이라고 하면 필자는 시간에 쫓겨 참고할 정보에 한계가 있지만, 인공지능은 한계가 없다고 할 수 있을 정도로 방대한 양의 정보를 참고한다는 점이다. 그래서 인공지능을 활용하면 짧은 시간에 수준 높은 기획안을 작성할 수 있다.

그럼 어떻게 주목받는 기획안을 위한 프롬프트를 구성할 것인가? 기획안의 핵심은 눈에 띄는 독창적인 주제이다. 그래서 주제를 먼저 선정하고, 이를 바탕으로 기획안의 내용을 구체적으로 출력하는 체인 프롬프트를 활용할 것이다. 기획안을 출력하는 방법은 다양하지만, 여기서는 필자가 원하는 템플릿을 입력하고 그 템플릿에 맞게 만들도록 하는 방법을 선택하겠다. 참고로 각 기관이나 회사마다 사용하는 템플릿 형식이 있는 경우가 많다. 템플릿이 있다면 거기에 맞춰 프롬프트를 구성해야 한다.

지금부터 기획안을 만들어보자. 필자는 마케터로서 '소상공인에게 적절한 마케팅 지원 방법'에 대한 기획안을 많이 작성해서 기관에 제출하는데, 이 주제를 그대로 사용해보겠다.

| 콘텐츠 주제: 소상공인을 위한 마케팅 지원안
| 최적 서비스: 클로드, 챗GPT

■ **1단계 아이디어 탐색**

단계	프롬프트
역할 부여	너는 기획안을 잘 작성하는 전문가야.
목표 선정	너의 목표는 내가 요청하는 주제에 대해서 기획안을 작성하는 것을 도와주는 것이야.
사전 지식 제공	나는 소상공인에게 적절한 마케팅을 지원하는 기획안을 작성하고 싶어.
미션 수행	아래 조건을 모두 만족해줘 - 기획안에 적절한 3개의 주제를 추천해줘. - 출력 형식은 아래와 같이 해줘. 주제1) 상세설명)

위와 같이 구성한 프롬프트를 클로드나 챗GPT의 채팅창에 입력해보자.

> 주제1) 디지털 마케팅 교육 프로그램
> 상세설명) 소상공인들이 효과적으로 디지털 마케팅을 활용할 수 있도록 교육 프로그램을 제공합니다. 이 프로그램은 소셜 미디어 관리, 검색 엔진 최적화(SEO), 온라인 광고, 콘텐츠 마케팅 등 다양한 디지털 마케팅 기법을 다룹니다. 이를 통해 소상공인들이 온라인에서 더 많은 고객을 유치하고 매출을 증대시킬 수 있도록 지원합니다.
>
> 주제2) 맞춤형 마케팅 컨설팅
> 상세설명) 소상공인의 업종과 규모에 맞춘 맞춤형 마케팅 컨설팅을 제공합니다. 전문가들이 직접 현장을 방문하거나 온라인 상담을 통해 소상공인의 현재 마케팅 전략을 분석하고 개선 방안을 제안합니다. 이를 통해 소상공인들은 자신의 상황에 맞는 효과적인 마케팅 전략을 수립할 수 있습니다.
>
> 주제3) 로컬 SEO 지원 프로그램
> 상세설명) 소상공인들이 지역 내에서 더 많은 고객을 유치할 수 있도록 로컬 SEO(Search Engine Optimization) 지원 프로그램을 제공합니다. 구글 비즈니스 프로필 최적화, 지역 키워드 전략 수립, 리뷰 관리 등 지역 검색 결과에서 높은 순위를 차지할 수 있는 방법을 안내하고 실질적인 지원을 합니다.

프롬프트에 맞게 3개의 주제가 추천되었다. 이중에 사용자가 마음에 드는 주제를 선택한다. 만약에 마음에 드는 주제가 없다면, 답변을 재생성하거나 더 만들어달라고 요청한다. 그리고 원하는 주제를 선택했다 하더라도 세부적으로 수정할 부분이 있다면 수정 프롬프트를 통해 주제를 최적화시킨다.

■ **2단계 템플릿에 맞게 기획안 작성**

이제 선택한 주제를 바탕으로 기획안을 작성하는 미션 수행 단계를 작성해보자. 선택한 주제와 기획안 템플릿을 넣어준다.

단계	프롬프트
미션 수행	나는 "주제1"이 마음에 들어. 아래 조건을 모두 만족해줘. - 템플릿에 맞게 충실하고 상세하고 전문가적인 톤앤매너로 작성해줘. ### 기획안 템플릿 ### 1. 프로젝트 개요 프로젝트 제목: 명확한 프로젝트 이름 배경 및 목적: 프로젝트의 필요성과 진행 이유 2. 목표 및 범위 목표: 달성하고자 하는 구체적인 결과(SMART 원칙 사용) 범위: 프로젝트에 포함되는 내용과 제외되는 내용 3. 계획 및 실행 전략 작업 계획: 주요 활동과 단계별 일정 자원 분배: 필요한 인력과 재원 4. 위험 관리 및 평가 방법 위험 관리: 잠재적 위험 요소 및 대응 전략 성과 지표: 프로젝트 성공을 측정할 지표 및 평가 방법 5. 결론 및 기대 효과 기대 효과: 프로젝트를 통해 기대하는 주요 결과 및 장기적 영향

필자는 ### 표시를 앞뒤에 넣어 주석을 달고 기획안 템플릿임을 설명해주었다. 이렇게 단순히 항목만 넣는 것이 아니라, 각 항목에 대해서 간단한 설명을 추가해준다면 인공지능 서비스들의 이해도가 높아져 보다 효과적으로 답변을 출력할 수 있다. 이 프롬프트를 챗GPT의 채팅창에 입력했다.

1. 프로젝트 개요
- 프로젝트 제목: 소상공인을 위한 디지털 마케팅 교육 프로그램
- 배경 및 목적:
  디지털 시대에 소상공인들이 경쟁력을 유지하고 성장하기 위해서는 효과적인 디지털 마케팅 전략이 필수적입니다.

(중략)

5. 결론 및 기대 효과
- 기대 효과:
  1) 소상공인들의 디지털 마케팅 능력 향상으로 인한 경쟁력 강화
  2) 온라인 매출 증가로 인한 소상공인 비즈니스 성장
  3) 지역 경제 활성화 및 소상공인 커뮤니티 내 긍정적 파급 효과
  4) 지속 가능한 디지털 마케팅 전략 수립을 통한 장기적 성공 가능성 증대

본 프로젝트를 통해 소상공인들이 디지털 마케팅을 효과적으로 활용하여, 지속 가능한 성장을 이룰 수 있도록 적극 지원하겠습니다.

프롬프트에서 입력한 템플릿과 각 항목의 내용에 맞게 기획안이 출력된다. 이렇게 1차 출력값이 나오면 여기서 사용자가 각각의 항목을 수정하면 된다. 특히 기획안의 경우 기관이나 회사에서 원하는 톤앤매너나 분량이 있기 때문에 이를 참고해서 수정을 진행하자.

9장
프롬프트 템플릿 만들기

 앞에서 만든 기본 프롬프트를 템플릿으로 만들어 사용하면 2가지 큰 장점이 있다. 첫째, 반복 작업의 효율성이 크게 높아진다. 다양한 콘텐츠를 만들어야 할 때마다 일일이 새로운 프롬프트를 만들어줄 필요가 없기 때문이다.

 두 번째는 챗GPT로 비슷한 작업을 해야 할 때 누가 진행하든 비슷한 퀄리티의 답변을 생산해낼 수 있다. 프롬프트 템플릿이 없다면 기본 프롬프트를 필요에 따라 수정해서 사용해야 한다. 이때 프롬프트에 대한 사용자의 이해도에 따라 결과물의 품질이 달라질 것이다. 하지만 프롬프트 템플릿이 있다면 이해 여부와 상관없이 퀄리티가 높은 출력물을 얻을 수 있다.

 프롬프트 템플릿은 기본 프롬프트에서 상황에 따라 바뀔 부분을 포착해서 이 부분을 챗GPT가 사용자에게 질문하도록 프롬프트를 구성하는 것이다. 일반적으로 사전 지식 제공 부분과 미션 수행 부분의 일부가 바뀌는 부분에 해당한다. 앞에서 만들었던 인스타그램 프로필 문구용 프롬프트를 템플릿 형식으로 바꿔보자. 챗GPT가 질문을 던지게 하고, 그 질문에 사용자가 답변하면 이를 기반으로 결과물을 출력하게 하는 것이다.

사전 지식 질문 요청 단계

예를 들어 필자는 인스타그램 마케팅 전문가이고, 인스타그램 프로필에 들어갈 문구를 주로 만든다. 이때 사용하는 기본 프롬프트는 아래와 같다.

단계	프롬프트
역할 부여	너는 지금부터 인스타그램 마케팅 전문가야.
목표 선정	너의 목표는 인스타그램 프로필에 들어갈 문구를 만들어주는 것이야.
사전 지식 제공	우리는 파리여행 전문 여행사 파리송이야. 10년 넘게 운영되고 있으며, 파리여행으로는 가장 많은 여행객들을 모집하고 있어. 우리 업체를 이용한 고객들의 후기는 매우 좋은 편이야.
미션 수행	아래 조건을 모두 만족해줘. - 내 브랜드의 특징을 잘 반영해서 작성해줘. - 인스타그램 프로필 작성 문법에 맞게 작성해줘. - 3개의 문장으로 구성해줘. - 문장이 끝나면 자동으로 줄바꿈 해줘. - 톤앤매너는 귀여운 말투, 짧고 재미있는 말투, 이모지 사용. - 내가 선택할 수 있게 3개의 프로필을 만들어줘. - 출력 형식은 아래와 같아. 프로필 문구1) 문장1 문장2 문장3 강조 포인트 : (어떤 점을 강조해서 작성했는지 알려줘.)

여기서 상황에 따라 변하는 것은 그 프로필을 사용할 고객 및 고객의 특성이다. 기본 프롬프트의 역할과 목표는 매번 동일하기 때문에, 역할 부여와 목표 선정 부분은 수정하지 않고 그대로 유지한다.

고객의 정보가 들어가는 사전 지식 제공 단계부터 수정하자. 사용자의 상황에 따라 바뀔 수 있는 부분을 찾아서 질문으로 만드는 것이다.

이 단계에서는 프롬프트를 입력하면 바로 사용자에게 질문을 할 수 있도록 아래 문구를 넣어준다.

> 우선 나에게 물어봐야 하는 질문은 아래와 같아.

기본 프롬프트에서 제공했던 사전 지식에는 브랜드/업체명, 특징 및 차별화 포인트가 주로 배치되어 있다. 이를 그때 그때 사용자가 입력할 수 있도록 챗GPT에게 질문하게 하자.

> 1. 브랜드/업체의 특징을 상세하게 설명해주세요!
> 2. 브랜드/업체의 장점, 타업체와 차별화 포인트, 강조하고 싶은 점 등을 알려주세요.

엔지니어의 성향에 따라 2번처럼 구체적으로 구성할 수도 있다. 필자는 프롬프트를 단순하게 구성하기 위해 1번 질문으로 선택하겠다. 참고로, 프롬프트를 만들 때는 인공지능이 헷갈리지 않도록 평소에 잘 사용하지 않는 문자로 분명하게 명시해주는 것이 좋다. 그래서 여기서는 질문에 번호를 매기기 위해 "[1]"이라는 기호를 사용하겠다.

> [1] 브랜드/업체의 특징을 상세하게 설명해주세요!

미션 수행 부분에서도 상황에 따라서 바뀔 수 있는 부분을 질문으로 만들면 된다. 여기서는 톤앤매너를 묻도록 하겠다. 업체에 따라 톤앤매너가 달라야 확실하게 차별화가 되기 때문이다.

> [2] 톤앤매너는 어떻게 할까요?

이렇게 [1], [2] 이 2가지 질문으로 "사전 지식 질문" 단계를 구성했다.

입력한 데이터 점검 단계

다음으로는 입력한 데이터를 점검하도록 하는 항목을 추가한다. 사용자의 답변이 프롬프트를 구성하기에 부족하다면, 다시 구체적으로 답해달라고 사용자에게 요청하게끔 하는 것이다. 만약 답변이 프롬프트의 구성에 충분하다면 별 다른 추가 질문 없이 다음 단계로 넘어가게 한다. 아래와 같은 문구를 넣어주면 된다.

> 만약 나의 답변이 불충분하다면, 만족도 높은 답변을 만들기 위해서 질문을 계속해줘.

미션 수행 단계

이 단계에서는 앞에서 했던 질답을 이용해 문구를 삽입한다. 내 브랜드에 대해서 입력했던 [1]과 톤앤매너를 입력했던 [2]를 프롬프트에 넣어서 구성해준다.

> 아래 조건을 모두 만족해줘.
> - [1]을 참고해 내 브랜드의 특징을 잘 반영해서 작성해줘.
> - 인스타그램 프로필 작성 문법에 맞게 작성해줘.
> - 3개의 문장으로 구성해줘.
> - 문장이 끝나면 자동으로 줄바꿈 해줘.
> - 톤앤매너는 [2]을 참고해서 만들어줘.
> - 내가 선택할 수 있게 3개의 프로필을 만들어줘.
> - 출력 형식은 아래와 같아.
>
> 프로필 문구1)
> 문장1
> 문장2
> 문장3
>
> 강조 포인트 : (어떤 점을 강조해서 작성했는지 알려줘)

위와 같이 나머지 내용은 그대로 두고, 사용자가 질문받아 답했던 부분만 [1], [2]로 바꿔서 구성했다. 이렇게 구성하면 앞서 요청했던 "[1] 브랜드/업체의 특징을 상세하게 설명해주세요!"라는 질문의 답변이 "[1]을 참고해 내 브랜드의 특징을 잘 반영해서 작성해줘"라는 문장에 반영이 된다. "[2] 톤앤매너는 어떻게 할까요?"라는 질문의 답변 역시 "톤앤매너는 [2]을 참고해서 만들어줘"라는 문장에 반영되어 1차 답변이 출력된다.

사전 지식 입력 요청 단계

마지막은 사전 지식 입력 요청 단계이다. 사용자가 채팅창에 프롬프트를 넣으면, 곧바로 사용자에게 질문을 하게 만드는 것이다. 아래와 같이 문구를 구성하면 된다.

> 지금부터 인스타그램 마케팅 전문가로서 나에게 필요를 묻는 것으로 대화를 시작하도록 하자!

역할 부여, 목표 선정, 사전 지식 질문, 입력한 데이터 점검, 미션 수행, 사전 지식 입력 요청, 이 6단계를 합치면 아래와 같다.

단계	프롬프트
역할 부여	너는 지금부터 인스타그램 마케팅 전문가야.
목표 선정	너의 목표는 인스타그램 프로필에 들어갈 문구를 만들어 주는 것이야.
사전 지식용 질문	우선 나에게 물어봐야 하는 질문은 아래와 같아. [1] 브랜드/업체의 특징을 상세하게 설명해주세요! [2] 톤앤매너는 어떻게 할까요?
입력한 데이터 점검	만약 나의 답변이 불충분하다면, 만족도 높은 답변을 만들기 위해서 질문을 계속해줘.
미션 수행	아래 조건을 모두 만족해줘. - [1]을 참고해 내 브랜드의 특징을 잘 반영해서 작성해줘. - 인스타그램 프로필 작성 문법에 맞게 작성해줘. - 3개의 문장으로 구성해줘. - 문장이 끝나면 자동으로 줄바꿈 해줘. - 톤앤매너는 [2]를 참고해서 만들어줘. - 내가 선택할 수 있게 3개의 프로필을 만들어줘. - 출력 형식은 아래와 같아.

미션 수행	프로필 문구1) 문장1 문장2 문장3 강조 포인트 : (어떤 점을 강조해서 작성했는지 알려줘.)
사전 지식 입력 요청	지금부터 인스타그램 마케팅 전문가로서 나에게 필요를 묻는 것으로 대화를 시작하도록 하자!

이 프롬프트 문구를 챗GPT의 채팅창에 넣어보자.

 안녕하세요! 인스타그램 마케팅 전문가입니다. 인스타그램 프로필 문구 작성을 위해 몇 가지 질문을 드리겠습니다.

[1] 브랜드/업체의 특징을 상세하게 설명해주세요!
예: 어떤 제품/서비스를 제공하는지, 브랜드의 주요 가치는 무엇인지, 타겟 고객층은 누구인지, 특별히 강조하고 싶은 점이 있는지 등

[2] 톤앤매너는 어떻게 할까요?
예: 친근하고 캐주얼한, 전문적이고 신뢰감을 주는, 유머러스하고 활기찬 등

답변을 주시면, 가장 적합한 인스타그램 프로필 문구를 만들어 드리겠습니다!

이렇게 [1], [2]에 해당하는 부분을 사용자에게 질문한다. 사용자는 여기에 따라서 답변을 하면 된다.

[1] 유기농 강아지 사료 "파워독" 브랜드, 몸에 좋은 원료로 만든 사료로, 강아지들에게 필요한 영양분을 채워 건강하게 자라게 해. 반려견을 키우는 사람들이 대상이며, 좋은 원료를 강조하고 싶어.
[2] 친근, 캐주얼, 이모지 사용

챗GPT의 이해를 돕기 위해서 질문에 매겼던 번호 표시 [1], [2]를 동일하게 붙여 답변을 한다. 그럼 챗GPT가 사용자의 답변을 반영해 1차 답변을 출력한다.

프로필 문구1)
🙍 유기농 강아지 사료 "파워독"
🌿 건강한 원료로 만든 영양 만점 사료
🐾 반려견의 건강을 생각하는 최고의 선택
강조 포인트: 건강한 원료와 영양 만점 사료

프로필 문구2)
✨ 파워독: 유기농 강아지 사료
💚 자연이 준 건강한 원료만을 사용
🐾 반려견의 건강한 성장을 책임집니다!
강조 포인트: 자연이 준 건강한 원료

프로필 문구3)
❀ "파워독" 유기농 강아지 사료
🌱 좋은 원료로 만든 건강한 한 끼
🐕🐕 반려견을 위한 최고의 선택!
강조 포인트: 좋은 원료와 건강한 한 끼

이 답변을 기반으로 사용자의 필요에 따라 2, 3차 수정을 진행하면 된다. 이렇게 완성된 프롬프트 템플릿을 통해서 누구든 챗GPT가 물어보는 질문에 답변만 하면 퀄리티 높은 인스타그램 프로필 문구를 추천받을 수 있다.

프롬프트 템플릿 생성 예시

이번에는 여행 일정을 구성하는 기본 프롬프트를 프롬프트 템플릿으로 바꿔보자. 아래는 기본 템플릿이다.

단계	프롬프트
역할 부여	너는 지금부터 나의 여행 가이드야.
목표 선정	너의 목표는 내가 즐겁게 여행할 수 있도록 여행 일정을 짜주는 것이야.
사전 지식 제공	나는 ❶ 여자친구와 ❷ 발리 여행을 ❸ 2박 3일로 갈 예정이야. ❹ 많은 사람들이 가는 유명한 코스를 중심으로 구성해줘.
미션 수행	아래 조건을 모두 만족해줘. - 각 코스에 대해 내가 이해할 수 있도록 자세하게 설명해줘. - 3개의 해시태그로 각 코스의 특징을 나타내줘. - 사용자들의 후기도 출력해줘. - 식사는 점심과 저녁만 먹을 거고, 각 지역의 유명한 맛집으로 골라줘. - 숙소는 각 지역의 호텔로 선택해줘.

위 기본 템플릿을 기반으로 프롬프트 템플릿을 만들어보겠다. 먼저 역할 부여, 목표 선정 부분은 그대로 유지하고 사전 지식 제공 단계로 넘어가자. 기존 프롬프트에서 제공했던 사전 지식 부분을 참고해 ❶누구와 여행을 갈 것인지, ❷어디로 여행을 갈 것인지, ❸여행의 기간은 어떻게 되는지, ❹여행 일정을 구성할 때 어떤 점을 우선으로 고려할 것인

지에 대한 질문을 구성한다. 그다음 아래와 같이 사전 지식 질문 단계의 프롬프트를 구성한다.

> 우선 나에게 물어봐야 하는 질문은 아래와 같아.
> [1] 누구와 여행을 갈 예정인가요?
> [2] 어디로 여행을 갈 예정인가요?
> [3] 여행의 기간은 어떻게 되나요?
> [4] 여행 일정을 구성할 때 어떤 점을 우선으로 고려할까요?

그리고 사용자의 답변이 부족하다면 다시 구체적인 답변을 해달라고 요청하도록 입력한 데이터 점검용 문장을 넣는다.

> 만약 나의 답변이 불충분하다면, 만족도 높은 답변을 만들기 위해서 질문을 계속해줘.

다음으로 이 질문의 답변들이 미션 수행 부분에 들어갈 수 있도록 문구를 변경한다.

> 아래 조건을 모두 만족해줘
> - [1], [2], [3], [4]를 참고해서 여행일정을 구성해줘.
> - 각 코스에 대해 내가 이해할 수 있도록 자세한 설명을 해줘.
> - 3개의 해시태그로 각 코스의 특징을 나타내줘.
> - 사용자들의 후기도 출력해줘.

> – 식사는 점심과 저녁만 먹을 거고, 각 지역의 유명한 맛집으로 골라줘.
> – 숙소는 각 지역의 호텔로 선택해줘.

마지막으로 사전 지식 입력 요청을 위해 다음과 같은 문구를 입력한다.

> 지금부터 여행가이드로서 나에게 필요를 묻는 것으로 대화를 시작하도록 하자!

이를 반영해서 프롬프트 템플릿을 완성하면 아래와 같다.

단계	프롬프트
역할 부여	너는 지금부터 나의 여행 가이드야.
목표 선정	너의 목표는 내가 즐겁게 여행할 수 있도록 여행 일정을 짜주는 것이야.
사전 지식용 질문	우선 나에게 물어봐야 하는 질문은 아래와 같아. [1] 누구와 여행을 갈 예정인가요? [2] 어디로 여행을 갈 예정인가요? [3] 여행의 기간은 어떻게 되나요? [4] 여행 일정을 구성할 때 어떤 점을 우선으로 고려할까요?
입력한 데이터 점검	만약 나의 답변이 불충분하다면, 만족도 높은 답변을 만들기 위해서 질문을 계속해줘.
미션 수행	아래 조건을 모두 만족해줘. – 많은 사람들이 가는 유명한 코스를 중심으로 구성해줘. – 각 코스에 대해 내가 이해할 수 있도록 자세하게 설명해줘. – 3개의 해시태그로 각 코스의 특징을 나타내줘. – 사용자들의 후기도 출력해줘. – 식사는 점심과 저녁만 먹을 거고, 각 지역의 유명한 맛집으로 골라줘. – 숙소는 각 지역의 호텔로 선택해줘.
사전 지식 입력 요청	지금부터 여행 가이드로서 나에게 필요를 묻는 것으로 대화를 시작하도록 하자!

이 프롬프트 템플릿을 챗GPT의 채팅창에 넣어보자.

 좋습니다! 멋진 여행 일정을 만들어드리기 위해 몇 가지 질문을 드리겠습니다.

1. 누구와 여행을 갈 예정인가요? (예: 가족, 친구, 연인, 혼자 등)
2. 어디로 여행을 갈 예정인가요? (예: 도시, 국가, 특정 지역 등)
3. 여행의 기간은 어떻게 되나요? (예: 며칠 동안 여행할 가요?)
4. 여행 일정을 구성할 때 어떤 점을 우선으로 고려할까요? (예: 문화 체험, 음식, 자연 경관, 쇼핑, 액티비티 등)

이 질문들에 답변해주시면, 이에 맞추어 최적의 여행 일정을 만들어드리겠습니다!

위의 모습처럼 사전 지식을 요청하는 질문이 출력된다. 여기에 맞게 답변을 아래와 같이 입력했다.

1. 가족 3명 (아빠, 엄마, 5세 남자 아이)
2. 하와이
3. 3박 4일
4. 아이와 함께 놀기 좋은 곳

사용자의 답변을 챗GPT가 반영해 여행 일정을 짜줄 것이다. 여러분도 각자 자신만의 답변을 입력해서 여행 계획을 짜보자.

맺음말

이제 이 책을 마무리하자. 오늘날 콘텐츠를 창작하는 방법에 획기적인 변화가 일어나고 있으며 그 중심에는 인공지능이 있다. 인공지능과 함께 콘텐츠를 만드는 과정에서 필자는 인공지능이 창작자의 한계를 넘을 수 있도록 다양한 방법으로 도와준다는 것을 경험했다. 이러한 인공지능의 도움을 제대로 받기 위해서는 아래 내용을 기억해야 한다.

첫 번째, 적절한 인공지능 서비스를 선택해야 한다. 모든 작업에 최고의 퍼포먼스를 내는 인공지능은 현재 없다. 그래서 챗GPT, 클로드, 퍼플렉시티, 코파일럿 등 다양한 인공지능 서비스의 특징을 파악해서 내가 할 작업에 적절하게 조합해야 한다. 특히 인공지능 서비스는 업데이트가 매우 빠르며 성능에 큰 변화가 있기 때문에, 업그레이드된 기능들을 수시로 파악하도록 하자.

두 번째, 프롬프트 공식을 따르는 것이 중요하다. '역할 부여 – 목표 선정 – 사전 지식 제공 – 미션 수행 – 수정' 이렇게 5개의 단계로 구성된 프롬프트 공식에 따라 프롬프트를 생성할 때 가장 최적화된 답변이 나온다. 이제 막 콘텐츠를 인공지능과 함께 만들기 시작했다면, 이 공식에 맞게 프롬프트를 만드는 방법을 연습하자.

　가장 중요한 세 번째, 내가 자주 사용하는 실무에 적용하는 것이다. 인공지능을 실무에 사용하려면 단순히 인공지능 서비스를 이해하고 프롬프트 공식을 활용하는 것만으로는 부족하다. 실무의 다양한 환경에 맞는 프롬프트를 직접 기획하고, 적용해본 다음에 답변을 수정하는 반복적인 작업을 통해 기본 프롬프트를 만들어야 한다. 이렇게 실무에 사용할 수 있는 기본 프롬프트가 많아질수록 실무에서 시간과 에너지를 크게 절감할 수 있어 업무 생산성이 높아진다.

　현 시대는 콘텐츠 창작의 역사에서 가장 큰 변화를 겪고 있다. 누구도 겪어보지 못한 큰 변화의 길을 인공지능과 즐겁게 동행해보자.

AI, 너 내 마케터가 돼라!

초판 1쇄 발행 | 2025년 1월 6일

지은이 | 오종현
펴낸이 | 이은성
펴낸곳 | *e*비즈북스
편 집 | 김다연, 홍순용, 구윤희
디자인 | 최승협
주 소 | 서울시 종로구 창덕궁길 29-38, 4-5층
전 화 | (02) 883-9774
팩 스 | (02) 883-3496
이메일 | ebizbooks@naver.com
등록번호 | 제2021-000133호

ISBN 979-11-5783-363-4   03320

*e*비즈북스는 푸른커뮤니케이션의 출판 브랜드입니다.